资助项目：国家自然科学基金（项目编号：72361014）

经管文库·管理类
前沿·学术·经典

小样本数据特征驱动的
信用风险分类研究

SMALL SAMPLE DATA-TRAITS-DRIVEN
CREDIT RISK CLASSIFICATION

张晓明　余乐安　著

经济管理出版社
ECONOMY & MANAGEMENT PUBLISHING HOUSE

图书在版编目（CIP）数据

小样本数据特征驱动的信用风险分类研究 ／ 张晓明，
余乐安著．－－ 北京：经济管理出版社，2024．－－ ISBN
978-7-5243-0057-1

Ⅰ．F830.5

中国国家版本馆 CIP 数据核字第 2024VZ3103 号

组稿编辑：白　毅
责任编辑：白　毅
责任印制：许　艳
责任校对：王淑卿

出版发行：经济管理出版社
　　　　　（北京市海淀区北蜂窝 8 号中雅大厦 A 座 11 层　100038）
网　　　址：www. E-mp. com. cn
电　　　话：（010）51915602
印　　　刷：唐山昊达印刷有限公司
经　　　销：新华书店
开　　　本：720mm×1000mm／16
印　　　张：12. 5
字　　　数：204 千字
版　　　次：2024 年 12 月第 1 版　　2024 年 12 月第 1 次印刷
书　　　号：ISBN 978-7-5243-0057-1
定　　　价：98. 00 元

前　言

信用风险评估是信用风险管理领域重要的研究内容之一。信用风险评估是指利用模型对信贷申请者的风险类别进行预测（违约或未违约），又被称为信用风险分类或信用风险预测。在信用风险分类中，数据集的小样本、类别非均衡性等数据特征对信用风险分类结果具有很大影响。特别地，新兴的金融机构在开展新的信贷业务时，由于数据获取成本高、数据获取困难等，面临着小样本数据问题。小样本数据具有不完整和不充足特性，导致原有信用风险评估模型是低效的甚至是无效的，相应地，决策也是错误的。"数据特征驱动建模"能有效地解决这些问题和提升信用风险分类精度。鉴于此，本书主要研究小样本数据特征驱动的信用风险分类问题。基于小样本特征下不同实例数量与属性数量特征，将属性数量从少到多、实例数量从无到少进行划分，形成五类不同的小样本：小样本数据中属性数量较少时产生的属性稀缺小样本、属性数量适中情形下产生的混合属性小样本、属性数量较多时产生的高维性小样本、样本数量为零时产生的无有效训练样本和小样本数据中违约样本少时产生的非均衡性小样本。基于上述分类，本书对以上五类小样本问题进行研究和探讨，并提出了相应的解决方案。这些方案通过对真实信用数据集进行测试，能够找到合适的分类算法，有效提升模型的分类预测性能。本书的主要研究内容如下：

第一，本书界定小样本、信用风险分类和数据特征驱动的概念，阐述小样本与信用风险分类理论模型。通过进一步探讨小样本的内涵，进而构建本书的研究框架。

第二，针对属性稀缺小样本的信用风险分类问题，提出了一种混合极限学习机虚拟样本生成与特征工程的模型。在该模型中，极限学习机被用来生成虚拟样本，解决数据实例稀缺性（即小样本）问题，特征工程被用来解决数据属性稀缺（即低维性）问题。其中，特征构建形成多样化的特征交互，特征选择去除冗余特征；不同类型的分类器被用来对比虚拟样本的预测性能。实验结果表明，本书提出的混合极限学习机虚拟样本生成与特征工程模型在与单线性分类器结合时具有较优的性能，能够有效地提升属性稀缺小样本信用风险分类精度。

第三，针对混合属性小样本的信用风险分类问题，提出了一种基于多个分布的虚拟样本生成模型。在该模型中，首先，对于数值属性数据采用多分布整体趋势扩散技术进行数据增强，对于类别属性数据采用 Bootstrap 方法进行数据增强。其次，利用 k 近邻模型进行标签生成，利用粒子群算法进行样本筛选。最后，利用支持向量机模型进行信用风险分类。在互联网贷款数据集中进行模型验证，实验结果表明，本书提出的基于不同分布的虚拟样本生成模型的分类精度优于其他方法，本书方法能够有效地解决具有混合属性小样本特征的互联网贷款信用风险评估问题。

第四，针对高维性小样本的信用风险分类问题，提出了一种集成 Wasserstein 生成对抗网络（WGAN）数据增强与混合特征选择模型。在该模型中，WGAN 被用于生成虚拟样本以克服数据实例稀缺问题；混合核偏最小二乘与量子粒子群算法被用于特征选择以解决高维性问题。实证结果表明，本书提出的集成 WGAN 数据增强和混合特征选择模型能够提升预测性能，是一种具有竞争力的解决高维性小样本信用风险分类问题的有效方法。

第五，针对无有效训练样本的信用风险分类问题，提出了基于域自适应的多级集成学习模型。在该方法中，首先，Bagging 重采样算法被用于生成不同的训练子集以解决数据不足的问题。其次，随机子空间被用于生成不同的特征子集，通过特征组合增强模型的性能。再次，域自适应方法被用来减少源域与目标域的分布差异。最后，将不同的预测结果进行集成，输出最终预测值。本书利用供应链金融下的中小企业数据进行实证分析，结果表明，基于域自适应的多级集成学习模型优于传统的监督学习与迁移学习方法，可以作为中小企业信用风险评估的一种有竞争力的方法。

第六，针对非均衡性小样本的信用风险分类问题，提出了一种基于改进TrAdaBoost算法与聚类重采样的集成学习模型。在该方法中，首先，基于三种不同度量的 k 近邻聚类重采样被用于过滤源域数据且减少数据分布差异。其次，Bagging 重采样被用于均衡被过滤的源域数据。最后，改进的 TrAdaBoost算法被用来解决非均衡性小样本问题。实证结果表明，本书提出的基于改进TrAdaBoost 算法与聚类重采样的集成学习模型显著优于传统的监督机器学习方法，可作为解决非均衡性小样本信用风险评估问题的有效工具。

第七，本书提出了小样本数据特征驱动的信用风险分类实施与对策建议。依据各个理论框架与实证分析结果，结合现有研究现状指出，应从指标体系与模型两个角度实施，并从信贷产品的不同时期视角提出信用风险分类工作的具体建议。

综上所述，本书基于小样本学习理论与信用风险分类理论，构建了小样本数据特征驱动的信用风险分类研究框架。基于该研究框架，系统研究了信用数据中属性稀缺小样本、混合属性小样本、高维性小样本、无有效训练样本和非均衡性小样本的信用风险分类问题，并在此基础上提出了小样本数据特征驱动的信用风险分类实施与对策建议。因此，本书的研究具有较强的理论意义和实践意义，对于实践中开展小样本信用风险评估具有一定的参考价值。

本书的研究得到了国家自然科学基金（72361014）的资助，同时特别感谢经济管理出版社对本书出版所提供的支持与帮助。

本书所提出的新思想与新方法仍处于初步形成阶段，加之笔者水平有限，疏漏与不足之处在所难免，需要进一步检查、纠正、完善与扩展，恳请各位专家和广大读者批评指正。

目　录

第1章 绪论

本章拟阐述小样本信用风险分类的重要意义，并对现有信用风险分类相关研究进行梳理和总结，从而得出本书研究的内容、研究方案与创新之处。1.1 节论述本书的研究背景及意义。1.2 节对国内外研究现状进行全面、系统的梳理，并进行文献评述。1.3 节给出本书研究内容与研究方案。1.4 节给出本书的创新之处。

1.1 研究背景及意义

1.1.1 研究背景

由于金融危机的频繁发生和《巴塞尔协议Ⅲ》中提出的信用风险监管问题，信用风险评估受到了金融机构的广泛关注。在金融数字化时代，多家消费金融机构挂牌成立，使金融风控系统中信用风险评估受到越来越多的重视。近年来，企业为获得更多的市场份额而使竞争越来越激烈，一些金融机构为了获得市场竞争优势而选择承担更多的风险。类似地，个人信贷业务中的违约同样会给金融机构造成经济损失，如消费贷违约风险和信用卡欺诈等。随着互联网金融的快速发展，P2P（Peer-to-Peer）网络借贷和虚拟信用卡等各种融资模式业务发展迅速。自我国第一家 P2P 网络借贷平台"拍拍贷"于 2007 年成立以来，我国 P2P 网络借贷平台数量逐渐增加。然而受到各种因素的影响，大量网贷平台被迫关闭。至 2020 年 11 月，我国实际运营的 P2P 网贷机构完全归零。无论是企业或个人的传统借贷还是网络借贷，金融机构都有可能因交易对手的违约和不良贷款的增加而遭受巨大的损失。因此，有效的信用风险评估分析模型就成为关键的竞争因素。

一般来说，信用风险评估在信贷管理中可分为贷前管理（即申请评分卡）、贷中管理（即行为评分卡）和贷后管理（即催收评分卡）。在贷前管理阶段，贷前评估是控制客户信用风险的重要手段。对于贷前评估，当申请人申请贷款时，金融机构必须要决定是否批准贷款申请以及决定给予多少贷款额度。传统的信贷决策方法基于以往决策的经验和一些简单的分析工具，如 5C（Character、Capacity、Capital、Collateral、Condition）等信用风险分析方法。然而，随着贷款申请人数的增加和信贷行业竞争的加剧，这种传统的信用评级方式已经无法满足金融机构在经济和效率两方面的需求。目前，信用风险分类是一种被广泛使用的信用风险评估技术，能够帮助贷款机构做出授信决策。信用风险分类的主要目的是基于过去申请者信息的量化模型，将信用风险量化为一个独立的标签。因此，该方法备受学者们的青睐。

对于信用风险评估的研究方法，从 1970 年以前出现的专家主观分析法，如 5C 分析法等，逐渐演变到现代信用风险度量管理模型，如信用测量模型（Credit Metrics）。随着人工智能技术的发展，对于企业及个人的信用风险，可通过信用评分（Credit Scoring）和信用分级（Credit Rating）来刻画，而二者又可以转化为信用风险分类模型（基本假定就是"信用好的客户"与"信用不好的客户"的人群特征是不同的，这些特征的区分可以使用历史客户信息，通过一些分类技术准确地区分），信用风险分类模型中占比较多的是传统数理统计与计量模型及复杂的人工智能（Artificial Intelligence，AI）模型（Yu 等，2008）。为此，越来越多的 AI 模型出现在信用风险分类中，这使信用风险分类得到了快速发展。与传统的主观判断方法相比，传统数理统计与计量模型和人工智能模型有以下三个优点：①只接受信用度高的申请人信贷，这大大提高了信贷审批过程中的效率并节省了时间，能够帮助金融机构增加利润并减少损失。②可以减少信贷审批过程中的主观性，从而消除个人的偏见。③与主观判断方法相比，分类模型可以融入更多的信息进行科学计算，节省了大量的人力资源。因此，学者们更加青睐开发更好的信用分类模型对申请人进行准确评估，如混合模型与集成模型。

为了提高模型的准确率，学者们主要从信用风险分类的算法角度来分析。但是，很多学者盲目套用各种分类模型，只根据模型的效果来选择模型，不考虑信用数据本身的特点，过分追求模型的复杂性，来提高模型的性能。事实上，数据特征极有可能对模型结果产生很大的影响。通常，数据本身存在一些典型特征，如数量特征（包括大样本特征和小样本特征）、质量特征（包括噪声性特征和缺失性特征）和分布特征（包括高维性特征、稀疏性特征和非均衡性特征）（张有德，2018）。这些数据特征将对模型选择和模型结果产生影响，例如，在高维数据集中，很多冗余或不相关的数据会影响模型的准确率；在具有噪声性的数据集中，含有很多不利于构建鲁棒模型的属性噪声和类别噪声；在非均衡性数据集中，传统算法更倾向于识别出多数类的样本，易对少数类样本进行误判；小样本的数据很容易使训练模型过拟合，产生较低泛化能力。因此，针对数据本身包含的不同数据特征进行特征驱动建模对模型性能的提升有很大帮助。

就目前的研究而言，从数据特征角度来看，大多对海量数据、高维性数据、非均衡性数据进行信用分类研究。然而，在大数据时代，不应忽视对小样本的研究以及"大数据，小样本"的重要性。在信用风险评估领域中，银行或金融机构在初期易积累小样本信用数据集，如银行或金融机构新业务的开展等。作为样本数量数据特征中的一个重要部分，小样本特征的存在经常影响着模型分类预测的准确率。从机器学习的角度来看，少量数据甚至没有数据会导致无法构建有效的信用评估模型，从而无法进行精准放贷和有效配置信贷资源，进而产生可能的经济损失。由此可见，基于小样本数据特征驱动的信用风险分类研究至关重要。然而，小样本与其他数据特征在样本数据中同时存在时，如高维性小样本、非均衡性小样本等，这加大了针对小样本建模的难度。

如果盲目套用信用风险评估模型而较少地考虑数据特征的影响，将会使风险分类的过程更加耗时和低效，也很难找到合适的模型，从而将会造成银行或金融机构可能的经济损失。因此，小样本数据特征驱动的信用风险分类是一个非常值得研究的问题。本书通过"数据特征驱动建模"的思想，将小样本数据特征与数据处理和分类模型之间的匹配关系建立起来，进而提出小样本数据信用风险分类的解决方案。

1.1.2 研究目的

本书以小样本信用数据集为出发点，针对小样本以及小样本与其他数据特征共存时产生的问题，构建小样本数据特征驱动的信用风险分类模型，提高模型预测的准确率。本书的研究目的主要体现在以下五个方面：一是对于小样本数据特征下的属性稀缺性问题（即低维性小样本），通过分析数据稀缺性问题的类型归属，采用相应的虚拟样本生成技术与特征构建方法来解决数据稀缺的问题，建立小样本数据特征下属性稀缺的信用风险分类模型。二是对于金融机构中信用数据集呈现小样本数据特征的问题，从混合属性（包括类别属性和数值属性）的角度出发，利用相应的虚拟样本生成技术来扩充训练样本的数量，进而有效地提高信用风险分类模型的准确率，验证小样本数据能否有效地用于金融机构的信用风险评估。三是在小样本数据特征与高维性数据特征共存时（即高维性小样本），采用相应的虚拟样本生成技术与特征选择方法来解决高维性小样本问题，建立高维性小样本数据特征驱动的信用风险分类模型。四是对于小样本数据中样本数量为零（即无有效训练样本）的问题，借助源域数据的辅助，利用迁移学习方法解决无有效训练样本的建模问题，建立无有效训练样本的信用风险分类模型。五是在小样本数据特征与类别非均衡数据特征共存时（非均衡性小样本），借助源域数据的辅助，利用迁移学习方法解决非均衡状态下小样本建模问题，建立非均衡性小样本数据特征驱动的信用风险分类模型。因此，基于小样本自身特性以及小样本共存的数据特征问题，使用虚拟样本生成技术、特征工程和迁移学习方法来进行信用风险分类是本书的主要研究目标。

1.1.3　研究意义

本书主要研究小样本数据特征驱动的信用风险分类问题，其结果可为金融机构的风险评估工作提供理论依据，具有重要的理论意义和实践意义。

1.1.3.1　理论意义

本书基于小样本数据特征驱动建模的思想来解决信用风险分析中的信用风险分类问题，为小样本自身特性和小样本特征与其他数据特征共存时产生的分类问题提供解决方案。具体来说，对小样本数据中易出现的稀缺性、混合属性、高维性、无有效训练样本和非均衡性数据特征问题，从数据预处理、特征工程、数理统计、机器学习、深度学习和迁移学习方法的角度提出相应的解决方案。在数据域和算法域两个层面建立数据特征驱动的信用风险分类模型，在数据域层面利用不同的虚拟样本生成技术解决不同数据特征的小样本问题，在算法层面利用迁移学习技术并基于源域数据进行目标域小样本建模。本书不仅为信用风险评估解决方案提供了指导框架，还为复杂数据特征问题建模奠定了基础，也为小样本数据特征下的信用风险评估提供了理论依据。这将使研究结果更加科学、稳健，不但丰富了信用风险评估方法，而且促进了小样本条件下信用分类模型的开发。

1.1.3.2　实践意义

本书通过运用虚拟样本生成技术与迁移学习等方法解决具有小样本数据特征的信用风险分类问题，建立有效的小样本数据特征驱动的信用风险分类模型，对金融机构及银行业等的信用风险管理具有一定的指导意义。对于企业而言，构建一个高精度的信用风险分类模型将有利于改善我国中小企业客户贷款难和融资难的窘境，促进我国中小企业健康发展。对于金融机构而言，有针对性的小样本信用风险分类模型能为其在信用风险控制中提供解决思路和实证支持。特别地，本书的研究对金融机构处理不同场景下的信用风险分类问题有较好的指导意义，如在偏远地区开展新业务时面临实例少且属性少的数据集、在发达地区开展新业务时面临实例少且属性多的数据集、重启久停业务和开展相似的业务时面临违约实例少的小样本数据集等，本书研究能为这些情况提供问题解决方案。这将丰富金融机构信用风险分类工作的研究框架，增强金融机构服务类型的多元化，满足不同场景下的小样本信用风险分类任务。此外，本书提出的模型应用于信用风险分类领域的二分类任务中，因此，本书模型可应用于其他领域的小样本分类任务中，如医学疾病检测和工业故障诊断等。

1.2 国内外研究现状

1.2.1 小样本问题研究现状

随着互联网信息技术的快速发展，海量数据的涌现催生了大数据时代。然而，在大数据背景下，许多领域由于特定的数据获取难、无有效数据等，常常出现仅存在少量数据的现象，即"大数据，小样本"问题。在现有文献中，小样本被定义为样本的数量小于 30（Chen 等，2017）。事实上，样本数量少被视为缺乏有效的信息，进而无法构建有效的预测模型，使模型出现训练不充分、泛化能力差和易过拟合等现象。因此，为了提高小样本建模的泛化能力，众多学者对小样本问题展开深入的研究。

一般来说，小样本问题出现在很多领域中。在生物医学领域，使用基因序列进行疾病诊断时，数据呈现高维性小样本特征（Shen 等，2022）。在工业工程领域中常出现小样本数据，因为在某些条件下积累足够的数据进行建模需要花费几十年的时间（Tsai 和 Li，2008）。在计算机视觉领域中，在某些限制条件下同样会出现小样本问题（Wang 等，2021）。这些小样本除获取成本高外，还易出现小样本数据特征与其他数据特征共存的问题，这增加了小样本建模的难度。因此，如何提高小样本模型预测精度已经成为模式识别领域重要的研究内容。在现有文献中，对于小样本问题，主要从算法域和数据域的角度来解决（Wang 等，2020）。

在算法域方面，主要的技术为元学习和迁移学习方法。元学习的目标是利用已经学到的知识来解决新的问题（Wang 和 Yao，2019）。迁移学习的目标是将源域数据中的知识迁移到目标域中，进而提升学习效果（Pan 和 Yang，2010）。这两类方法主要处理非结构化数据的小样本问题，在计算机视觉领域应用最为广泛。

在数据域方面，数据增强是解决模型过拟合的主要技术。例如，正则化技术已被应用于计算机视觉领域中，通过图像的拉伸与变形达到数据增强的效果（Shorten 和 Khoshgoftaar，2019）。正则化技术多用于解决非结构化数据的小样本问题。而对于结构化数据中的小样本问题，虚拟样本生成技术是主流数据增强方法（Niyogi 等，1998），其主要的目的是利用小样本数据的先验信息生成数据，扩增样本数量。根据现有文献，虚拟样本生成方法主要分为四类（朱宝，2017）：基于领域先验知识、基于扰动、基于分布和基于人工智能算法的虚拟样本生成技术。

1.2.1.1　基于领域先验知识的虚拟样本生成技术

基于领域先验知识的技术是指利用领域的先验知识设置特定的约束条件，将其加入到模型中，将模型求解转化为求解优化问题，更便于问题求解（即虚拟样本）。例如，Bloch 等（2008）将先验知识嵌入到支持向量机模型中，先验知识以输出值和导数形式给出。研究结果表明，该模型在训练样本很少的情况下可以获得较好的预测效果。

1.2.1.2　基于扰动的虚拟样本生成技术

基于扰动的技术是指通过噪声注入（即数据扰动）实现样本的扩增。Bishop（1995）提出，将含噪数据作为虚拟样本增加到训练集中来解决小样本问题。同时，他证明了这种噪声注入等价于正则化。对于多分类小样本问题，Li 和 Fang（2009）提出了一种基于非线性划分框架的数据增强方法，通过构造超球面将每个类别中的样本进行小群组的划分，在每组的超球面内（外）均匀地生成虚拟样本，且虚拟样本的数量由该组中的样本数量与该类样本的总数量之比决定。实验结果证明了该方法在多分类的小样本问题中的有效性。事实上，这种小范围内的虚拟样本生成技术本质上是基于扰动的方法。尽管基于扰动的方法利用噪声数据进行模型训练可以获得较好的效果，但是从数据的分布状态来看，该方法无法反映数据中存在的潜在信息，仍具有一定的局限性。

1.2.1.3 基于分布的虚拟样本生成技术

基于分布的技术是指利用不同的概率分布函数建立真实数据的近似分布函数，然后通过概率分布函数生成数据。典型的方法包括靴带法（Bootstrap）和整体趋势扩散方法（Li 等，2007）。具体来说，Bootstrap 利用有放回抽样技术获得数据样本的增加。Tsai 和 Li（2008）利用 Bootstrap 技术生成虚拟样本来扩充样本数量。研究结果表明，将该方法应用于非常小的数据集中，可以显著降低预测错误率。整体趋势扩散方法主要利用三角隶属度函数构建非对称属性分布，通过模糊隶属度函数值刻画某一值产生的可能性，并基于此生成虚拟样本。该方法已被广泛应用于不同领域，如用于医疗领域（Li 等，2007）。此外，学者们探索利用高斯分布（Yang 等，2011）和多模态分布（Li 和 Lin，2014）模拟不同数据的分布特征，进而生成虚拟样本。

上述基于分布的方法多数情况下是基于数理统计理论分析样本信息，通过估计数据的潜在分布，进而生成虚拟样本。尽管基于分布的虚拟样本生成方法有较好的效果，但在数据中有多种数据特征共存时较难捕获数据的潜在信息，且在处理高维数据时易产生噪声或增加模型计算复杂度等。因此，一些学者采用人工智能算法进行虚拟样本生成。

1.2.1.4 基于人工智能算法的虚拟样本生成技术

从人工智能算法角度分析，小样本问题的虚拟样本生成方法主要包括群智能优化算法、传统监督学习方法、深度学习方法等。群智能算法在求解优化问题方面的快速寻优能力，使其能在可行域范围内寻找满足准则条件的虚拟样本，常用的方法有遗传算法（GA）和粒子群算法（PSO）。例如，Li 和 Wen（2014）采用遗传算法等智能优化算法进行虚拟样本生成。实验结果表明，相较于基于分布的整体趋势扩散方法生成的虚拟样本，采用智能优化算法生成的虚拟样本具有更好的预测效果。在传统监督学习方法中，利用分类方法的内在机制进行虚拟样本生成，使用最广泛的方法有 k 近邻、支持向量机和极限学习机等。例如，张莉和陈恭和（2006）提出，基于 k 近邻思想完成虚拟样本生成。该方法利用 k 近邻技术将数据集划分为多个组，在组内样本中利用中间插值生成新样本，进而实现数据增强，最终在入侵检测系统中验证其有效性。Mao 等（2006）利用支持向量机计算样本的后验概率作为模型的输入，实现样本生成的目的，并在疾病诊断数据集中进行实验。结果表明，该算法在极小数据集中可以显著提高学习精度，并为辅助小数据集神经网络学习提供一种新的可行方法。朱宝（2017）基于极限学习机中隐含层数据的复杂性，对隐含层数据进行插值，通过逆映射实现数据增强，解决了工业工程中出现的小样本数据问题。在深度学习方法中，生成对抗网络可以在不依赖任何数据分布的前提下，通过生成器与判别器之间的博弈生成逼近真实数据的伪样本数据。Liu 等（2019）将深度学习中的生成对抗网络方法用于虚拟样本生成，然后利用合成样本对深度神经网络分类器进行训练，最后将该方法用于对癌症级别的识别。实验结果表明，相较于传统方法，该方法对于解决疾病检测中的小样本问题具有更高的精度。按照数据构成的角度，以上文献多从实例的视角进行分析，同时也存在一些文献基于小样本数据的属性信息进行研究。例如，Li 和 Liu（2012）利用特征构建方法对小样本的属性进行扩充，并利用基于相似性的模糊隶属度函数来提取更多的属性信息。实验结果表明，该方法具有非常好的性能。Liao（2011）从特征选择的角度对小样本数据进行特征选择，解决了高维性小样本建模中出现的过拟合问题。综上所述，对于小样本数据集，只有充分生成和挖掘有效的小样本数据信息才能建立合适的预测模型。

基于人工智能算法的虚拟样本生成技术可以利用群智能优化算法、传统监督学习方法和深度学习方法的优势，建立较好的虚拟样本生成模型，但未考虑小样本数据特征与其他数据特征共存时的情况。分析小样本数据特征、建立适合的虚拟样本生成法是解决小样本问题的关键。

1.2.2 信用风险分类问题研究现状

对于信用风险分类的研究，从研究的信用主体角度分析，可以将其分为政府、企业和个人信用风险分类研究，其中，企业与个人信用风险分类研究较多。为了清晰划分信用风险分类的方法，可以从算法域、学习方法域和数据特征域角度进行总结。算法域角度，从最初的专家主观判断分析法，演变到传统的数理统计与计量模型，最后到人工智能模型。主观判断分析法出现于信用风险评估的早期阶段，人们通过专家的主观知识和经验来评估信用风险。Somerile 和 Taffler（1995）根据银行家的历史经验信息从主观层面评估国家信用，获得较低的 I 类误差率，但整体精度低于计量模型。然而，定性评估对精度的提升效果不是很明显，与定量数学模型相比，这种方法缺乏定量评价，综合分析能力差。因此，学者们逐渐转向利用基于数学、统计学与运筹学等的方法来解决信用风险的定量评价问题。作为目前较为流行的信用风险分类模型，传统的数理统计与计量模型和人工智能模型可按照建模时的模型数量分为单模型和多模型。其中，单模型可以分为传统数理统计与计量单模型和人工智能方法单模型，多模型分为混合模型和集成模型。学习方法域角度，可以按照数据状态、标签状态和结构形式进行划分。数据特征域角度，可以按照数据呈现的不同特征进行划分。本书从分类算法域、学习方法域和数据特征域三个方面对信用风险分类研究现状进行详细介绍。

1.2.2.1 分类算法域

从分类算法域角度出发，按照分类器的数量可将信用风险分类模型分为四类，包括传统数理统计与计量单模型、人工智能方法单模型、混合系统多模型和集成学习多模型。

（1）传统数理统计与计量单模型。传统数理统计与计量单模型主要包括线性判别分析、逻辑回归、k 近邻和朴素贝叶斯等较为典型的模型。其中，线性判别分析是使用最广泛的信用评分非参数统计方法，先后被应用到生物学和行为科学领域中（Fisher，1936），后逐渐被应用到信用风险领域（Levy 和 Baha，2021）。Doumpos 等（2001）提出了多标准、多群体判别分析法，相较于多元判别分析方法，该方法获得更优的效果。相较于线性判别分析，逻辑回归需要的假设条件更少，因此，逻辑回归模型更受业界欢迎和学术界推崇。逻辑回归作为一种典型的基于概率统计的分类方法，被广泛运用于金融领域。例如，Feder 和 Just（1976）使用逻辑回归方法对国家延期偿还债务的概率进行估计并进行变量筛选。结果表明，利用逻辑回归法可以将预测的错误率降低约

4%。在 k 近邻分类器中，通常只考虑使用训练集中 k 个近邻的数据实例对数据样本进行分类。在相近度量标准中，常采用欧几里得距离和马氏距离等。例如，Henley 和 Hand（1996）将利用改进版的欧几里得距离度量的 k 近邻模型应用于消费者信用评分，并且讨论了参数对准确度的影响。贝叶斯分类器计算每个观测值的后验概率，并判断样本属于哪一个特定的类别，其同样被应用于信用风险评估（Rish，2001）。

传统数理统计与计量单模型不断地被应用于企业及个人信用风险评估领域，且具有很好的可解释性。但这些模型很难捕获数据中的非线性关系，使信用风险评估存在一定的局限性。因此，学者们借助于人工智能方法充分挖掘数据之间的非线性关系来提高模型预测性能。

（2）人工智能方法单模型。人工智能方法单模型主要包括决策树、人工神经网络、支持向量机、极限学习机和深度神经网络等较为典型的模型。决策树作为一种非参数的方法（Lee 等，2006），利用历史数据组织成树状结构来构建决策规则。由于其易于理解及实现，被广泛应用于企业破产预测和信用风险分类领域。

对于神经网络模型在信用风险分类领域的应用，West（2000）研究了五种不同神经网络模型，并在两个真实数据集中进行实验。结果表明，混合专家系统和径向基函数神经网络模型的性能优于其他神经网络模型。王凯和黄世祥（2007）建立了 BP 神经网络（Back Propagation Neural Network，BPNN）征信评估模型，对 800 个中小企业样本进行了信用评估，并根据评价结果提出了加强信用建设的建议。庞素琳（2005）采用概率神经网络对 2001 年中国提前公布的 13 家预破产企业进行预测。实验结果表明，概率神经网络方法的分类效果相对较好，具有较好的预测能力与推广价值。Bequé 和 Lessmann（2017）探讨了极限学习机在消费信贷风险管理方面的潜力。实证结果表明，相较于其他信用风险建模方法，极限学习机是一种有价值的预测方法。

Vapnik（1995）提出了支持向量机模型。支持向量机模型能够借助核函数进行高维非线性映射，解决数据非线性可分的问题，支持向量机具有较好处理小数据的性能。在信用分类领域，Huang 和 Chen 等（2004）证明了支持向量机在预测企业信用风险方面比 BPNN 更准确。同时，支持向量机及其改进模型在个人及企业信用风险评估领域取得了较好的结果（Tian 等，2021；Liu 等，2021）。

随着人工智能技术的不断发展，群智能优化算法也被应用于信用风险分类领域。Shin 和 Lee（2002）将遗传算法应用于破产预测，构建了易于理解的破产预测系统。Martens 等（2010）提出，基于蚁群算法分类模型来构建信用风险的内部评价系统，对 422 家含有 40 个指标变量的中小企业进行实证分析。研究发现，由于蚁群算法分类模型允许从给定的数据集中推断命题规则集，并利用蚁群进行优化，所以提取的规则集具有很强的区分能力。此外，深度学习也被应用于信用风险评估，并都取得了较好的分类效果（Duan，2019；Gunnarsson 等，2021；Shen 等，2021）。主要的模型包括卷积神经网络（Dastile 和 Celik，2021）、图卷积网络（Lee 等，2021）、深度多核学习（Wu 等，2021）、长短期记忆网络（Wang 等，2018；Liang 和 Cai，2020）、BERT（Yang 等，2022）、宽度学习与深度学习（Bastani 等，2019）等。

从结果来看，虽然人工智能方法具有良好的性能，但人工智能方法单模型仍存在许多局限性。例如，人工智能方法单模型有时会遭受局部优化、过度拟合和参数敏感性的困扰。这些内容证明，单分类模型的信用风险分类精度仍需进一步提升。根据著名的"没有免费的午餐"（No free lunch）定理，没有一个单分类器能解决所有问题，因此，众多学者开展了多分类器研究。按照不同的组合机制，多分类器主要包括混合系统多模型和集成学习多模型。

（3）混合系统多模型。混合系统多模型是指将不同的单分类模型进行结合，力求不同模型间的优缺点互补，尽可能地避免单模型的缺点。

混合系统多模型主要包括传统数理统计与人工智能的混合模型、传统数理统计与传统数理统计的混合模型、人工智能与人工智能的混合模型、分类和聚类方法的混合模型等。例如，Lee 和 Chen（2005）提出了混合人工神经网络与多元自适应回归的信用风险分类模型并进行了实证分析。实验结果表明，他们提出的混合方法的预测效果优于单模型。Yao 和 Lu（2011）提出了一个基于邻域粗糙集进行特征选择且与支持向量机相结合的混合分类器，并将其应用于信用风险评估。实验结果表明，与其他单分类器及混合分类器相比，邻域粗糙集和基于支持向量机的混合分类器具有较佳的预测性能。Markham 和 Ragsdale（2010）提出了混合判别分析与神经网络的公司信用评级模型。实验结果表明，混合模型比单模型的有效性更高。Tsai 和 Chen（2010）提出了分类和聚类方法两两组合的四种混合模型，并对中国台湾某银行数据集进行实证研究。实验结果表明，基于分类技术与分类技术混合的模型具有较高的预测精度。Harris（2015）将聚类方法与支持向量机相结合，构建出混合分类模型，并与其他基于支持向量机的非线性分类技术进行比较。实验结果表明，聚类支持向量机可以在保持相对快速的计算能力的同时，获得相当的分类性能。此外，有学者基于人工智能方法如支持向量机、深度学习等进行混合集成，对企业及个人信用进行评价，提高了评价准确度（Yu 等，2016；Mahboobi 等，2021；Machado 等，2022）。例如，Yu 等（2018）将深度置信网络与支持向量机结合进行信用风险评估。结果表明，该模型可以提高分类正确率。

由国内外文献可以看出，在现有的信用风险分类技术中，智能混合模型具有较好的效果，参数优化方法效果最好。同时，混合模型优于单模型。因此，混合模型比单模型具有更好的性能和更强的学习能力，受到多数学者的青睐。

（4）集成学习多模型。与混合系统多模型类似，集成分类器是指对同一个模型通过变换模型参数（包括初始权重、数据采样、训练算法、模型结构、集成数量等）来生成多个不同的分类器，最终通过不同的集成策略将这些分类器的结果进行集成。在构建集成分类器模型时，按照分类器的构成多样性可以将其分类为同质和异质集成分类器。

同质集成分类器是指由多个相同的基分类器组合形成的分类模型。在同质分类器中，基分类器生成阶段主要利用训练集多样化的方式进行，主要包括袋装算法（Bagging）、增强算法（Boosting）等。具体而言，Bagging 是对样本进行有放回的随机抽样，从而形成不同的训练子集，在不同的子集中训练基分类器，最后以投票的形式集成各个基分类器的结果。随机森林可以理解为在 Bagging 中引入随机特征选择，具体来说，在每棵决策树选择分割点时，随机森林会先随机选择一个特征子集，然后在这个子集上进行传统的分割点选择，最后基于预测模型结果的集成获得预测结果。Boosting 是一类可将弱学习器提升为强学习器的算法，Boosting 方法串行地训练一系列分类器使前面被基分类器识别错的样本在后续受到更多的关注，并将这些分类器进行结合，以便获得性能完美的强分类器。例如，Wang 等（2011）基于四种不同的分类器构建 Bagging 和 Boosting 等集成学习模型，并进行信用风险分类。实验结果表明，Bagging 集成方法的性能更好，而且 Bagging 和决策树结合后在平均精度、Ⅰ 类误差和 Ⅱ 类误差方面表现最好。需要注意的是，在集成学习方法中模型中，超参数的变化会使模型的精确度发生很大的改变。为此，Xia 等（2017）提出贝叶斯超参数优化方法来对信用评分集成学习模型进行处理。实验结果表明，贝叶斯超参数优化的性能优于随机搜索、网格搜索和人工搜索，从而使集成学习模型获得较好的精度，且利用集成学习中特征重要性排序方法增强了模型的可解释性。相似地，Zhou 等（2019）将基于学习模型的特征排序方法应用于借贷信用数据分类，对单分类器进行超参数优化。结果表明，经过参数优化的预测模型能够获得较好的预测结果，有效地解决了基于高维性和类别非均衡的问题。

异质集成分类器是指由多个不同分类器集成的模型，其与混合系统模型存在一定的差异，混合系统模型的主要目标是达到模型互补，而异质集成模型与多个分类模型进行结合（Zhou，2012）。从集成的结合方法的角度来看，异质集成主要包括多数投票法、加权投票法和堆栈算法（Stacking）方法。具体来说，多数投票法是对每个分类器的预测类别进行投票，最终输出的类别标记为获取票数过半的标记。加权投票法是对每个分类器赋予不同的权重，根据这些权重对每个分类器的预测类别进行加权求和，从而得出最终的预测结果。Stacking 方法先训练多个基学习器，然后将这些基学习器的预测结果作为新特征输入到一个元学习器中进行训练，最终由元学习器给出预测结果。Tripathi 等（2018）提出分层加权投票方法，基于分类器准确率来动态调整权值设置，并进行信用评分。实验结果表明，他们提出的方法比多数投票方法具有更好的性能。Xia 等（2018）提出了一种将 Bagging 与 Stacking 方法相结合的异质集成信用分类模型。实证结果表明，他们提出的方法具有较好的性能。尽管异质集成分类器在信用风险评估中表现良好，但异质集成中的多个分类器中可能存在个别性能不佳的学习器。事实上，选择合适的分类器进行集成可以提高泛化性能，同时降低集成规模。因此，选择性集成方法相继涌现。

根据现有文献，选择性集成方法主要包括基于排序的选择（Ykhlef 和 Bouchaffra，2017）、基于聚类的选择（Tsai，2014）和基于优化的选择（Partalas 等，2010）。具体来说，基于排序的选择方法按照一定的标准对个体学习器进行排序，排序靠前的学习器会被加入到最终的集成集合中。基于聚类的选择方法使用一些具有代表性的原型个体学习器（通过聚类实现）来组成最终的集成。基于优化的选择方法利用优化方法找到个体学习器的一个子集，以达到优化目标。例如，叶强和张洁（2006）使用遗传算法对分类器库中的分类器进行选择性集成。实证结果表明，其分类效果优于传统的单分类器方法和未进行选择的集成方法。

总体来说，四种分类算法已被广泛应用于消费信用风险评估。为了明确比较其优缺点，表 1-1 对四种分类算法进行了总结。

表 1-1　信用风险评估中分类算法总结

分类算法		优点	缺点
传统数理统计与计量单模型		可解释性强、复杂度低	准确率低，难以处理数据间非线性关系
人工智能方法单模型		准确率高	易出现局部极值、参数敏感、过拟合问题
混合系统多模型	传统+智能	准确率高、模型优缺点可互补	可解释性差、复杂度高
	智能+智能		
	分类+聚类		
集成学习多模型	同质 Bagging	高准确率	可解释性差、复杂度高
	同质 Boosting		
	异质 多数投票		
	异质 加权投票		
	异质 Stacking		
	异质 级联		
	异质 动态选择		

从表1-1中可以清楚地看出，分类算法由传统数理统计与计量单模型、人工智能单模型、混合系统多分模型和集成学习多模型组成。这些分类器有明显的优点和缺点。传统的单分类器复杂度低、可解释性强，特别是 LogR 在行业层面被广泛应用。然而，其缺点是精度较差，难以处理数据之间的非线性关系。对于智能单分类器，它们可以处理上述数据的非线性关系，并且可以获得较高的精度。缺点是有时会出现局部优化、过拟合和参数敏感问题。对于混合多分类器和集成多分类器，通过模型的组合，可以形成更好的分类器，实现优缺点互补的状态。因此，这两类模型具有较高的准确性，并可以处理大样本的情况。然而，这些多分类器系统的可解释性较差，且复杂度较高。

综上所述，对于分类算法域的信用风险分类，我们发现，目前没有最优的模型能一直具有很强的鲁棒性。因此，学者们从建模场景角度来分析不同场景下的信用风险建模问题。

1.2.2.2 学习方法域

学习方法域是指用于构建各种场景模型的方法。这些方法通常指的是一类方法，而不是一种特定的算法。由于信用风险建模主要是算法和数据的结合，考虑到数据集的状态和学习方法的结构，我们将信用风险分类的一些主流学习方法分为三类：①数据状态（即数据集分布在不同的平台、设备和数据库），包括多模态学习、迁移学习和联邦学习。②标签状态（即数据集中是否存在标签），包括无监督学习、半监督学习、有监督学习和强化学习（Mahesh，2020）。③结构形式（即不同形式的模型结构），包括集成学习、深度学习和表示学习。值得注意的是，标签状态的学习方法强调学习过程，数据状态的学习方法强调学习结构，结构形式的学习方法强调学习表征。具体的方法如图1-1所示，其为信用风险评估学习方法的分类树。

（1）数据状态方法。数据状态是指数据集的外部分布模式。例如，数据集是动态数据流、在多个数据集之间存在数据分布差异、训练数据集分布在多个设备或平台。相应的解决方案可以定义为多模态学习、迁移学习和联邦学习。

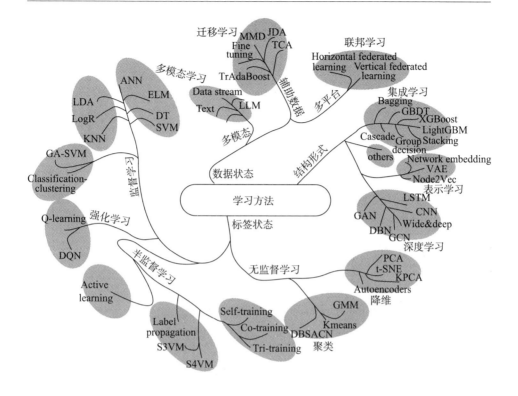

图 1-1 信用风险评估学习方法的分类树

多模态学习是一种融合多种不同类型的数据信息（如文本、图像、音频等模态）的方法。文本数据是信用风险分类中的重要数据类型（Iyer 等，2016；Netzer 等，2019）。此外，对于数据流模态数据，在线学习是一种有效的方法（Hoi 等，2021），已被广泛应用于信用风险分类任务（Barddal 等，2020；Zhang 等，2020；Ashofteh 和 Bravo，2021）。迁移学习主要解决源域数据与目标域数据间分布差异问题。迁移学习方法是指知识从源域转移到目标域的过程，包括基于实例的迁移、基于特征的迁移、基于参数的迁移和基于关系知识的迁移（Pan 和 Yang，2010）。联邦学习主要面对分布于不同的设备或空间的数据，在本地数据隐私保护、数据安全和法律合规的条件下，可以在多个参与者或多个计算节点之间进行高效的学习，有效地解决"数据孤岛"问题。根据样本和特征的分布特点，将其分为横向联邦学习和纵向联邦学习（Zhang

和 Xie 等，2021）。例如，在信用风险评估中，借款人具有少量的特征属性，需要在多个平台上获取其私人数据进行建模（Lin 等，2021；He 等，2022）。

（2）标签状态方法。标签状态是指根据数据集中是否含有标签进行划分的一种形式，包括无监督学习、半监督学习、有监督学习、主动学习和强化学习。

无监督学习主要解决数据集中无标签的问题。它不利用数据先验信息，而是利用未标记（即无标签）数据的特征分布规则来挖掘相似样本的模式。两类无监督学习模式分别是降维和聚类。降维是指通过数据的投影映射来完成特征空间变换。该方法能有效地降低噪声，具有良好的可视化效果。其中，PCA 和 t-SNE 等技术在信用风险评估中得到了很好的应用（Yu 等，2021；Li 等，2023）。聚类是指基于未标记信息中的特征属性数据对样本进行聚类，将原始数据划分为不同的类或簇。该方法可以更好地衡量数据的相似度，如 k 均值算法和高斯混合模型等（Bao 等，2019；Han 等，2019；Machado 和 Karray，2022）已被广泛应用于信用风险分类。半监督学习主要解决数据中少量数据被标记且大量数据被未标记的问题，研究从大量未标记数据中获取知识或通过标签标记提高模型的训练效率。半监督学习模式包括生成方法、半监督支持向量机、基于图的方法和基于分歧的方法（Triguero 等，2015）。在信用风险评估中，金融机构数据库常含有大量未标记数据，半监督学习方法（Kim 和 Cho，2019；Xiao 等，2020）或拒绝推断（Kang 等，2021；Shen 等，2022）被认为是有效的解决方法。监督学习主要处理已标记的数据（即大量标记类别的训练样本）的问题，该类方法利用已知类别样本来训练模型，让模型学会从输入数据中推断输出结果的模式，现有研究多为该类方法范畴。主动学习是指面对"难以"分类的样本数据，手动重新确认和检查，然后利用人工标注的数据对模型进行训练，逐步提高模型的效果（Carcillo 等，2018）。对于主动学习，图 1-1 中并未列出。强化学习主要处理未标记的数据，与无监督学习不同，强化学习是指智能代理（如模型和算法）与动态环境交互，并通过试验进行学习的一种方法，强化学习方法已在信用风险分类中得到广泛应用（Herasymovych 等，2019；Wang 等，2022）。

（3）结构形式方法。结构形式是指学习方法有不同的形式。这种方法被认为是一种特殊的学习技术，它可以从模型的广度和深度结构的角度进行学习，主要包括集成学习方法、深度学习方法和表示学习方法等。

集成学习方法在上一节中已有详细介绍，具体细节请参见1.2.2.1节。深度学习的本质是对观测数据进行分层特征表示，将低层次特征进一步抽象为高级特征表示，形成更深层次的网络结构。例如，长短期记忆模型（LSTM）善于处理时序数据（Liang 和 Cai，2020），图卷积网络（GCN）善于挖掘知识图数据（Lee 等，2021）。此外，ChatGPT 等大语言模型是在金融风险领域利用多任务和多模态学习的一种新兴方法（Bang 等，2023）。表示学习实际上属于深度学习的范畴，它是指运用神经网络模型从数据中提取实值向量作为样本的隐式特征属性。表示学习通常与后续任务联合，因此它不同于特征工程技术（Bengio 等，2013）。在信用风险评估中，最常用的一种方法是 Node2Vec 算法（Van Belle 等，2023）。

总之，学习方法分别包括数据状态（包括多模态学习、迁移学习和联邦学习）、标签状态（包括无监督学习、半监督学习、监督学习、主动学习和强化学习）、结构形式（包括集成学习、深度学习和表示学习）。这三种方法在各种建模场景中都起着重要的作用。显然，机器学习方法正在不断发展，建模场景仍存在挑战。

1.2.2.3　数据特征域

近年来，学者们基于大量的信用数据集，对信用风险预测进行了广泛的研究，这些数据集可分为公共数据集和非公共数据集。表1-2总结了公开可用的和最常用的数据集。

从表1-2可以看出，这些公开信用数据集存在于开源网站且被学者研究使用。一些学者利用各种商业银行拥有的私人数据库和各种竞赛中的数据集，如商业银行、贷款公司和消费金融技术公司提供的一些数据集。随着信用风险分类模型的开发，模型在公开数据集中的预测精度越来越高，而非公开数据集中数据特征及多样性越来越多，可能的原因如下：①集成学习模型的开发促进了更深入的挖掘和研究，如级联模型和堆栈多模型逐渐被开发，以提高模型预测精度。由此可见，在公开数据集中的预测精度得到了显著的提高。②随着大数据时代的到来，越来越多的数据类型出现，表现出不同的数据特征，如文本数据、关系数据、大样本、缺失数据等，并受到越来越多的关注。例如，"融360竞赛"包括关系数据和缺失数据等数据集；拍拍贷第一届风险控制竞赛中超过200维的高维性数据集以及第七届风险控制竞赛中的图数据集；稀疏数据、高维数据也不断地出现在风险预测问题竞赛中。③深度学习、表示学习、迁移学习、无监督学习、联邦学习等学习方法的发展，使学者对信用风险评估的多场景建模的关注增多。数据集的变化正促使越来越多的学者关注消费者信用风险评估。

表 1-2 数据集描述

数据集	样本数量（个）	非均衡比率①（%）	特征数量（个）	来源
German	1000	2.33	20	UCI②
Australian	690	0.80	14	UCI③
Japanese	690	0.80	15	UCI④
Default Data	30000	3.52	23	UCI⑤
Give Me Some Credit	150000	13.96	10	Kaggle⑥
AER Credit Card	1319	3.46	11	Kaggle⑦

随着大数据时代的到来，各种数据特征和情景也越来越多。仅依赖分类算法而不关注数据特征的建模不可能取得良好的预测结果。因此，应更加关注数据集的外部结构、数据质量、数据数量、内部分布信息等特征。为了更清楚地分析不同的数据特征，现将信用数据集的数据特征归纳为四类，具体如图 1-2 所示。

---

① Imbalance ratio represents the ratio of the number of good credits to the number of bad credits.

② https：//archive.ics.uci.edu/ml/datasets/statlog+（german+credit+data）.

③ http：//archive.ics.uci.edu/ml/datasets/statlog+（australian+credit+approval）.

④ https：//archive.ics.uci.edu/ml/datasets/Japanese+Credit+Screening.

⑤ https：//archive.ics.uci.edu/ml/datasets/default+of+credit+card+clients.

⑥ https：//www.kaggle.com/c/GiveMeSomeCredit/data.

⑦ https：//www.kaggle.com/dansbecker/aer-credit-card-data.

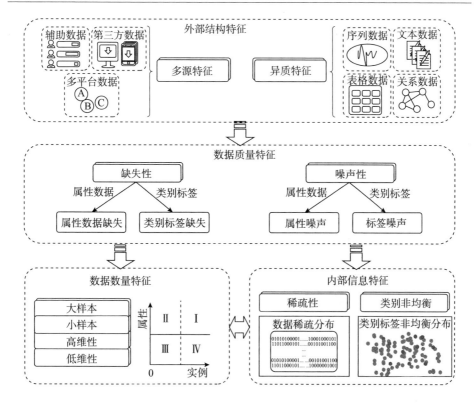

图1-2 信用数据集典型数据特征

从图1-2可以清楚地看出，信用数据集的数据特征可以从外部结构特征、数据质量特征、数据数量特征、内部信息特征四个方面进行分类。实际上，这也是现有信用风险评估系统的建模顺序。为了更清楚地理解每个数据特征，接下来将给出详细的描述。

（1）外部结构特征。随着大数据时代的到来，数据的来源和形式越来越丰富。一般来说，数据的形式可以表示为结构化数据和非结构化数据。可用的信用数据越来越多，各种数据特征也越来越多。具体来说，给定一个信用数据集，可以观察其数据源结构，如是一个数据源还是多个数据源、是一种模态还是多个模态，这些都可以直接观察到。因此，将数据的外部结构特征分为多源特征和异质性特征。

多源特征主要是指数据具有多个来源。多源数据可分为三类：辅助数据、第三方数据和多平台数据。辅助数据是指数据库中存在的采购数据或相关数据，其主要目的是提高数据量不足时的目标数据建模能力，特别是在风险控制冷启动期。从这个意义上说，迁移学习是经常采用的方法（Chen 等，2020；Alasbahi 和 Zheng，2022）。此外，在面对多个辅助数据集时，经常采用多源数据融合技术（Sun 等，2015）。第三方数据是指基于互联网、社交媒体和信息工具生成或下载的非传统数据。这些数据能够提高模型的训练效率，如手机使用数据（Xu 等，2022）、宏观经济变量数据（Xia 等，2021）、社交媒体数据（Ge 等，2017）、可替代数据（Djeundje 等，2021）以及事务数据（Zhang 等，2018）等。多平台数据是指存在于不同计算平台上的信贷申请人信息，具有数据隐私性和"数据孤岛"问题。联邦学习和隐私计算被用于解决多平台数据问题（Kawa 等，2019）。

异质性特征主要是指数据结构上的差异。异质性数据分为四类：序列数据（即动态数据或流数据）、表格数据（即静态数据）、文本数据（即非结构化数据）和关系网络数据（即图数据）。序列数据是信用数据、具有时间戳的动态交易数据等，其处理方法不同于面板表格数据，经常采用批处理、数据流和数据块等方法（Sousa 等，2016）。表格数据为经典的结构化数据，常用方法请参见 1.2.2.1 节。文本数据是以文本描述等非结构化方式表示的数据，常采用文本转化技术进行建模（Jiang 等，2018；Kriebel 和 Stitz，2022）。此外，网络上存在的图像数据、视频数据和语音数据作为非结构化信用数据，值得进一步研究。关系网络数据是指由具有一定相关性数据形成的网络信息，如社交网络数据等。常采用网络分析、知识图谱和表示学习等方法解决关系网络数据建模问题（Óskarsdóttir 等，2019）。

（2）数据质量特征。数据质量特征是指数据的有效性等问题。质量特征包括数据缺失性特征和数据噪声性特征。数据缺失是指数据中含有缺失值，通过计算缺失数据的程度来确定缺失率，最后利用插补技术或者具有包容缺失值的算法进行建模。数据噪声是指数据中含有异于正常数据的误差或偏差，通常采用聚类等技术识别噪声数据，最后利用删除或者修正等操作技术提升数据质量。总体来说，在信用风险控制系统中，数据预处理和探索性数据分析是检验信用数据质量的关键技术。

根据对缺失机制的研究，缺失数据特征可分为三种类型（Florez-Lopez，2010）：完全随机缺失（MCAR）、随机缺失（MAR）和非随机缺失（MNAR）。一般来说，根据数据的组成，数据集可以由属性和标签构成。为了细分缺失的数据，可以将其分为属性数据缺失和类别标签缺失。考虑到三种缺失类型与缺失属性数据和缺失标签的融合，总结如下：①MCAR 表示缺失的数据间相互独立，与任何其他变量无关。从这个意义上来说，数据处理方法不会改变数据分布。完全随机缺失的样本数量很少，当标签缺失时可以直接删除。②MAR 意味着缺失与其他一些观测变量有关。此时，直接删除或部分处理方法可能会导致有偏差的结果。如果属性数据是随机缺失的，那么缺失的数据是完全随机的，数据丢失的概率完全独立于其假设的值和其他变量的值。此时，需要利用插值方法进行填补，如 0、平均值、模式、多值插值、机器学习方法（Awawdeh 等，2022）以及深度学习方法（Zhao 等，2022）等。如果大部分标签缺失（由于标注标签的成本较高，只存在部分有标签，其余标签缺失，因此标签缺失的情况是随机的），则采用半监督 k 均值聚类的标签补充方法。③MNAR 意味着数据丢失的概率取决于值本身，这可能会导致有用信息的丢失。缺失的数据与不完整变量本身的值有关。有两种情况：一方面，缺失值取决于假设值（例如，高收入人群往往不愿在调查中披露其收入）；另一方面，缺失值取决于其他变量的值（假设女性通常不愿透露年龄，这里年龄变量的缺失值受性别变量的影响）。一些特定类型的标签缺失（标签分类策略不完美，一些坏样本没有被识别出来，属于非随机删除的标签缺失），在这种情况下，经常使用拒绝推断模型来解决标签缺失问题（Li 等，2017）。

数据噪声是指数据存在误差或异常，在此数据被破坏的情境下进行建模时，学习阶段和获得的模型都将受到负面影响。因此，噪声数据可能导致模型准确率下降。一般来说，噪声特征包括属性噪声和类别噪声（Zhu 和 Wu，2004）。属性噪声包括由输入误差、传输误差、信息值的操作误差引起的数据误差，属性噪声的水平会影响数据质量。因此，这里的属性噪声不同于属性冗余或数据增强后合成数据的标签噪声。为了更好地检测和校正噪声属性数据，一些学者从识别噪声数据开始，提出用一些统计方法来识别噪声或异常值，如利用平均值、标准差、统计模型和聚类等来平滑噪声数据（Ke 等，2017）。标签噪声是指数据实例被错误地分类或存在严重偏差。Frénay 和 Verleysen（2013）使用机器学习方法验证了属性噪声和标签噪声对预测结果的影响。实验结果表明，标签噪声是导致预测性能较差的主要原因。因此，需要探索一种有效、可靠的噪声检测方法，以提高信用风险分类模型的噪声适应性。基于此，标签噪声的识别方法（如"孤立森林"和 Bagging 等）与处理方式不断更新（Sáez 等，2016），如样本加权集成学习方法（Yao 等，2022）、识别和删除方法（Luengo 等，2018）、识别后校正方法（Nematzadeh 等，2020）。此外，部分学者提出了一种离群值自适应数据处理方法，提高了模型的训练效率（Zhang 和 Yang 等，2021）。

（3）数据数量特征。根据数据集的组成，从数据挖掘的角度来看，一个未标记的数据集由数据的属性和实例组成，数量特征是指属性（也称为特征）和实例（也称为样本）的数量。从实例数量的角度来看，它可以分为大样本（大量实例）和小样本（少量实例）。从属性数量的角度来看，它可以分为高维性（大量属性）和低维性（少量属性）。基于此，属性和实例的组合可能会导致产生多个特征叠加的状态（Yu 等，2022），主要包括低维小样本（属性与实例稀缺）、高维小样本（实例稀缺且维数多）、低维大样本（属性稀缺且实例多）和高维大样本。

大样本特征是指信用数据中出现的大规模样本（例如，大于 10 万的样本量是大样本）。但是，目前在数量级上并没有明确的规定。为了从大量样本中提取有效信息，经常需要使用的方法包括社会网络分析技术（Oskarsdottir 等，2019）、深度学习方法（Wang 等，2018）、集成学习方法（Liu 等，2022）和大数据技术（Carcillo 等，2018）。此外，在如此大的数据集上，样本效度非常重要，一种有效的样本选择方法可以提高模型的训练效率（Arnaiz-Gonzalez 等，2016）。从统计学的角度来看，小样本被定义为样本量小于 30。事实上，从数据集的形态和结构的角度来看，实例样本与特征属性样本的比例小于 10 即可看作是小样本（Tang 等，2015）。小样本常发生在信贷风险控制冷启动业务期，小样本的研究得到广泛关注，对其的研究主要包括两个方面：一方面是迁移学习（即利用源域知识学习助力于目标域小样本建模），另一方面是数据增强（即通过样本生成技术扩展样本数）。

高维性特征是指数据的属性数量较大（如维数大于 20 或 100）（Yu 等，2021），其中包含大量的冗余和不相关的特征，影响了建模的准确性和复杂度。处理技术可分为特征选择和特征提取两类。特征提取方法通过投影映射将原始数据转换至新的特征空间，提取新的特征，并根据新的特征对数据样本进行划分。方法有主成分分析（PCA）、自动编码器（Autoencoders）（Dastile 等，2020）和 t-SNE（Mancisidor 等，2022）等。在特征选择方面，其主要目的是在原始数据集中选择最优的特征子集，主要的方法包括过滤式、封装式和嵌入式等方法。过滤式方法是利用统计模型和信息论模型来计算特征的相对重要性，然后选择特征进行建模。封装式特征选择算法充分考虑了不同特征组合对分类预测结果的影响，并将特征选择步骤与模型评价依次连接起来，然而这将增加模型的复杂度。典型的方法包括智能算法（Helder 等，2022）和递归特征消除（Albashish 等，2021）。虽然封装器可以获得更好的效果，但很容易增加模型的计算复杂度。嵌入式方法在考虑特征选择对模型结果的影响时，可以节省计算复杂度。嵌入式特征选择方法是将特征选择嵌入到模型中，并在进行模型训练时获得有关特征的重要信息，如基于树的集成模型（Zhu 等，2019）和正则化技术（Wang 等，2015）。此外，一些学者提出了混合方法（Koutanaei 等，2015；Jadhav 等，2018）和集成式特征选择方法（Bólon-Canedo 和 Alonso-Betanzos，2019）。低维性特征是指数据集含有少量的属性，这也会影响分类模型的预测精度。因此，可以通过增加属性的数量来提供有效的信息。常用的方法包括特征运算符（Yu 等，2022）和特征构造技术（Mahanipour 和 Nezama-badi-Pour，2019）等。此外，属性数据可以通过第三方数据进行扩展，以提高数据建模能力。

（4）内部信息特征。内部分布信息特征是指来自内部属性和标签的分布。主要包括类别非均衡和稀疏性特征。例如，在实际的风险控制场景中，只有少数违约样本，而大多数样本是非违约的。稀疏性特征意味着数据表现出稀疏分布性（统计上，数据集中属性或者标签中有大量值为 0 的元素和少量值为 1 的元素）。

在处理类别非均衡问题时，类别非均衡通常是指好的信用样本占多数，坏的信用样本占少数。由于少数类样本不足，分类模型学习少数类的特征比较困难，预测结果通常倾向于多数类。为此，一些高效的方法不断被提出，可以分为算法层和数据层两类。特别地，算法层面的方法试图调整分类算法，以强调对少数类数据的学习。这些方法可以考虑不同类别的重要性，调整阈值或将两类别问题转化为一类，即单类学习（One-class learning），常见方法有人工神经网络（Mazurowski 等，2008）、支持向量机（Tang 等，2009）和极限学习机（Raghuwanshi 和 Shukla，2018）。然而，这些算法的计算性能与设计的参数有关，如误分类代价和决策阈值等。对于数据层，使用欠采样和过采样等不同的采样技术来平衡类分布。通常，欠采样可以随机复制或选择一些有代表性的多数类样本，进而均衡数据的类别分布。典型的欠采样方法包括基于聚类的欠采样（Lin 等，2017）和基于邻域的欠采样（Vuttipittayamongkol 和 Elyan，2020）。在信用风险分类中，Niu 等（2019）提出基于数据分布的重采样集成模型用于不平衡信用风险分类。实验结果表明，该方法对多数类和少数类样本都有良好的预测性能，而且与现有模型相比，具有更高的信用分类性能。实际上，欠采样降低了样本量，易产生信息丢失。相反，过采样可以对少数样本进行随机复制或合成，进而均衡数据的类别分布。需要注意的是，过采样易产生噪声数据导致出现模型过拟合问题。为了解决这一问题，有学者提出基于随机游走（Zhang 和 Li，2014）、基于分布（Wang 等，2020）和基于插值（Zhu 等，2020）的过采样技术。在信用风险分类中，Sun 等（2020）提出基于 SMOTE（Synthetic Minority Over-sampling Technique）且结合时间加权的自适应增强（AdaBoost）支持向量机集成的财务困境预测方法。实验结果表明，他们提出的方法可以提高对少数财务困境样本的识别能力。Fiore 等（2017）利用深度学习方法中的生成对抗网络对少数类样本进行数据增强，获得了优于 SMOTE 采样方法的结果。此外，类别非均衡特征从问题角度按照非均衡分布可分为区域小分离、数据稀缺（密度与信息）、重叠区域、非均衡噪声、边界实例与概念漂移问题。这些问题正在被学者们不断深入研究。

与稀疏模型参数不同，稀疏性由数据集上的数据特征来表示，常与高维性特征并存，常用的解决方法为特征选择和数据降维。此外，因式分解机（FM）可通过更深层次的特征交互来解决稀疏数据问题（Li 等，2021）。从算法的角度来看，集成学习技术（如 LightGBM）（Hancock 和 Khoshgoftaar，2021）和深度学习技术（Jiang 等，2019；Chen 等，2019）被用于解决稀疏性数据问题。

随着大数据时代的到来，数据集中数据特征的形式越来越丰富，一个数据集往往具有多个数据特征，数据特征的混叠或新数据特征的发掘是值得被关注的。识别不同数据特征的重要性并形成一个数据特征驱动的建模系统是非常重要的（Zhang 和 Yu，2024）。事实上，从机器学习方法的角度来看，不同形式的数据集意味着不同的数据风险控制场景。因此，在不同的场景下采用不同的学习方法尤为重要。

1.2.3　文献评述

根据对国内外研究现状的梳理可以发现，学者们对信用风险分类与小样本问题进行了较为丰富的研究，并取得了较好的研究成果。但是，对于小样本数据的信用风险分类的研究亟须拓展与深入。事实上，在金融机构成立或开展新业务时，数据多呈现小样本数据特征，这些问题将给金融机构信用风险评估的实施增加难度。同时，已有研究未对数据特征对模型预测性能的影响、小样本自身特性和小样本与其他数据特征共存时的信用风险分类进行深入。综上，现有对小样本数据的信用风险分类研究还存在如下亟待解决的问题：

（1）在无辅助数据的小样本情形下，小样本与属性稀缺特征同时存在将增加建模难度，基于抽样技术与分布技术无法增强样本的多样性，原始数据空间的插值易产生噪声。而且，对于属性稀缺特征，属性信息增强变得尤为重要。尚未发现实例稀缺（即小样本）与属性稀缺（即低维性）共存时（即低维小样本）的信用风险分类问题的有效解决方法。

（2）在无辅助数据的小样本情形下，小样本信用数据呈现数值属性与类别属性混合的特征，现有的基于统计分布的虚拟样本生成方法可以充分捕获数据的分布特征，但单一的数据增强技术未能捕捉到不同属性的分布特性。尚未发现混合属性小样本的信用风险分类问题的有效解决办法。

（3）在无辅助数据的小样本情形下，小样本数据特征与高维性特征共存时，大量的冗余属性信息影响小样本数据的信用分类效果。基于传统监督机器学习与基于统计分布的虚拟样本生成方法面对高维性小样本数据时易产生过拟合现象和过高的计算复杂度。在现有文献中缺少对高维性小样本（属性多且实例少）信用风险分类问题的研究。

（4）在存在辅助数据的小样本情形下，如金融机构开展相似业务或受时间影响出现数据分布差异时，易出现无有效训练样本的情况，即小样本数据样本数量为零。传统监督机器学习方法的预测精度较差。在现有的信用风险评估文献中，缺少利用迁移学习与集成学习方法对无有效训练样本进行信用风险分类的研究。

（5）在存在辅助数据的小样本情形下，如金融机构开展新业务初期，易出现非均衡性小样本的数据。小样本与非均衡性特征共存时，非均衡性加大了小样本信用分类的难度，会存在分类模型对坏样本识别率不高的现象。随机过采样易产生噪声数据，一个合适的采样技术与样本迁移技术可增强数据训练效率。在现有信用分类文献中，缺少对非均衡性小样本的信用风险分类问题的研究。

因此，针对以上问题，本书从数据域和算法域两方面出发，在数据域上（主要解决无辅助数据的小样本问题），基于虚拟样本生成技术和特征工程方法解决低维小样本（属性稀缺小样本）、混合属性小样本和高维性小样本的信用风险分类问题。在算法域上（主要解决存在辅助数据的小样本问题），基于迁移学习与集成学习方法解决无有效训练样本与类别非均衡性小样本的信用风险分类问题。通过引入多种分类模型与真实信用数据进行验证，从而使模型匹配框架更加完整。

1.3 研究内容与研究方案

1.3.1 研究内容与章节安排

本书从数据域和算法域两个维度出发，深入探讨小样本数据特性及小样本数据特征与多种数据特征共存的问题，开展以下五个方面的研究：①基于属性稀缺小样本的信用风险分类研究——为属性稀缺小样本选择合适的虚拟样本生成方法与属性稀缺性数据的处理方法，同时利用传统单模型、人工智能单模型和集成学习多模型进行信用风险分类。②基于混合属性小样本的信用风险分类研究——为混合属性小样本选择合适的虚拟样本生成方法，并利用经典的分类模型进行信用风险分类。③基于高维性小样本的信用风险分类研究——为高维性小样本选择合适的虚拟样本生成方法与特征选择方法，并使用三种分类模型进行信用风险分类。④基于无有效训练样本的信用风险分类研究——借助源域数据的辅助，利用迁移学习的方法进行信用风险分类。⑤基于非均衡性小样本的信用风险分类研究——借助源域数据的辅助，利用多级集成迁移学习的方法进行信用风险分类。具体描述如下：

（1）对于属性稀缺小样本的信用风险分类问题，本书提出了一种混合传统监督学习的虚拟样本生成与特征工程方法的信用风险分类模型。在该模型中，首先，使用基于极限学习机的虚拟样本生成方法来生成虚拟样本，以解决数据实例稀缺（即小样本）问题。其次，利用特征工程解决数据属性稀缺性（即低维性）问题。最后，利用传统数理统计单模型、人工智能单模型和集成学习多模型进行信用风险分类。

（2）对于混合属性小样本的信用风险分类问题，本书提出了一种基于混合分布的虚拟样本生成方法的信用风险评估模型。在该模型中，首先，针对小样本数据中的类别属性和数值属性数据，分别利用 Bootstrap 与多分布的整体趋势扩散技术方法进行虚拟样本生成。其次，利用粒子群算法选择合适的虚拟样本构建最优的训练模型。最后，基于支持向量机单分类器对小样本信用数据集进行信用风险评估。

（3）对于高维性小样本的信用风险分类问题，本书提出了一种基于深度学习的虚拟样本生成和混合特征选择方法的信用风险分类模型。在该模型中，首先，利用生成对抗网络方法生成虚拟样本。其次，提出了混合核偏最小二乘与量子粒子群优化特征选择方法，并对训练数据进行特征选择，去除冗余和不相关特征。最后，利用传统数理统计单模型、人工智能单模型和集成学习多模型进行信用风险分类。

（4）对于无有效训练样本的信用风险分类问题，本书提出了一种基于领域适应的多阶段集成学习模型。首先，利用 Bagging 和随机子空间方法构建二级集成学习模型，从数据多样化和特征选择两个角度解决原始数据较少和特征冗余的问题。其次，借助于源域数据，采用领域自适应方法对中小企业进行信用风险评估，解决由于数据分布不同而造成的无有效训练样本的问题。

（5）对于非均衡性小样本的信用风险分类问题，本书提出了一种基于迁移学习与聚类重采样的集成学习模型。第一阶段为混合数据集的生成。在第一阶段中，首先，借助源域数据，以小样本数据为中心进行 k 近邻聚类重采样，并对源域数据进行过滤从而形成新的源域数据。其次，对于源域数据中的少数类样本，将利用 Bagging 重采样的数据添加到新源域数据中。最后，形成多个源域训练子集。第二阶段为基于迁移学习方法的集成。第二阶段主要利用改进的 TrAdaBoost 方法在集成框架下进行模型的预测。

各章的逻辑关系如图 1-3（未列第 9 章）所示。

如图 1-3 所示，本书整体结构的安排以发现问题和提出问题为引导、以解决问题为主要目标、以实施与对策建议为辅。在理论基础与研究框架下，研究内容间的逻辑为辅助数据从无到有—从数据域到算法域的解决路线—从小样本数据的属性问题到实例问题。针对辅助数据的情况：当无辅助数据时，在属性稀缺小样本信用风险分类模型的指导下，完成混合属性小样本的信用风险分类任务，进而通过增强型的虚拟样本生成方法解决高维性小样本的信用风险分

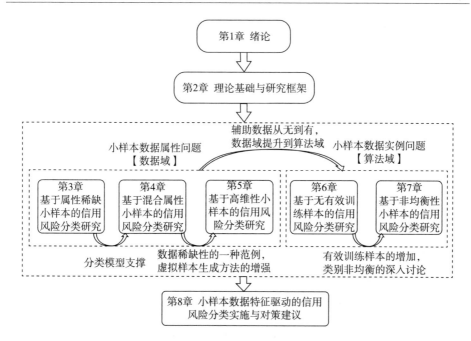

图1-3 章节逻辑关系

类问题；当存在辅助数据时，从研究辅助数据较少时的信用风险分类问题，到研究辅助数据较多时考虑类别非均衡的信用风险分类问题。本书具体章节安排如下：

第1章绪论。首先简要介绍本书的研究背景、目的和意义；其次分别从小样本问题与信用风险分类角度出发进行文献综述，并阐述了本书的研究内容、研究思路、研究方法和技术路线；最后提出本书的创新点。

第2章研究小样本数据特征驱动信用风险理论，界定小样本概念、信用风险分类概念和数据特征驱动建模，并阐述了研究的理论基础与方法，并提出本书的研究框架。

第3章从小样本数据中属性问题的角度出发，针对属性稀缺小样本的信用风险分类问题，提出了混合极限学习机数据增强和特征工程的方法，利用分类器在属性稀缺小样本数据集中进行实证分析。

第4章从小样本数据中属性问题的角度出发，针对混合属性小样本的信用风险分类问题，提出了基于粒子群算法混合多个分布的虚拟样本生成方法，且在混合属性小样本数据集中进行实证分析。

第 5 章从小样本数据中属性问题的角度出发，针对高维性小样本的信用风险分类问题，提出了集成生成对抗网络数据增强和混合特征选择的方法，利用分类器在高维性小样本数据集中进行实证分析。

第 6 章从小样本数据中实例问题的角度出发，针对无有效训练样本的信用风险分类问题，提出了基于域自适应的多级集成学习模型，在中小企业数据集中进行实证分析。

第 7 章从小样本数据中实例问题的角度出发，针对非均衡性小样本的信用风险分类问题，提出了基于迁移学习方法和聚类重采样的集成学习模型，在非均衡性小样本数据集中进行实证分析。

第 8 章为小样本数据特征驱动的信用风险分类实施与对策建议。对小样本数据特征驱动的信用风险分类模型的应用进行了分析，并从信贷产品前期、中期和后期角度提出对策建议。

第 9 章为结论与展望部分。总结本书提出的解决方案的准确性、有效性以及实用性，并在此基础上对有待进一步研究的问题进行阐述。

因此，本书针对小样本数据特征开展信用风险分类研究，对数据的属性与实例进行分析，从数据域和算法域两个维度出发，解决小样本信用风险分类问题，进而建立小样本数据特征驱动的信用风险分类模型。

1.3.2　研究方案

1.3.2.1　研究思路

本书将按照"提出问题—分析问题—解决问题"的思路展开研究。针对小样本数据特征的信用风险分类问题，按照属性数量从少到多，即属性较少（稀缺性问题）、属性适中（混合属性问题）和属性较多（高维性问题）；实例数量从无到少，即样本数量为零（无有效训练样本问题）和违约样本较少（类别非均衡性问题）的路线进行研究，图 1-4 是本书的总体研究思路。

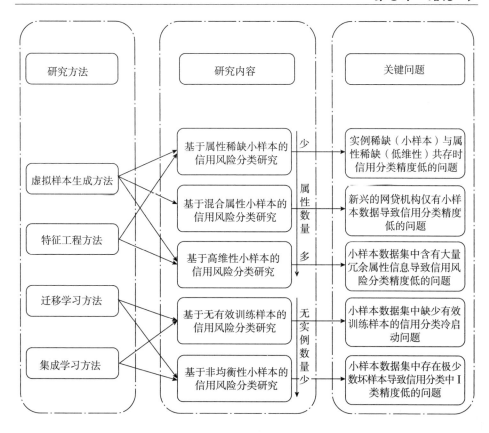

图 1-4　本书的总体研究思路

（1）采用虚拟样本生成方法和特征工程方法，研究属性稀缺小样本的信用风险分类，解决实例稀缺（小样本）与属性稀缺（低维性）共存时导致信用分类精度低的问题。

（2）采用虚拟样本生成方法，研究混合属性小样本的信用风险分类，解决新兴的网贷机构仅有小样本数据导致信用分类精度低的问题。

（3）采用虚拟样本生成方法和特征工程方法，研究高维性小样本的信用风险分类，解决小样本数据集中含有大量冗余属性信息导致信用分类精度低的问题。

（4）采用迁移学习方法和集成学习方法，研究无有效训练样本的信用风险分类，解决小样本数据集中缺少有效训练样本的信用分类冷启动问题。

（5）采用迁移学习方法和集成学习方法，研究非均衡性小样本的信用风险分类，解决小样本数据集中存在极少数坏样本导致信用风险分类中Ⅰ类精度低的问题。

1.3.2.2　研究方法

（1）虚拟样本生成方法。虚拟样本生成技术是数据增强的主要方法，其涉及四种技术，分别为基于领域先验知识的技术、基于扰动的技术、基于分布的技术和基于人工智能的技术。其中，基于领域先验知识的技术是指利用领域的先验知识设置特定的约束条件，将其加入到模型中，将模型求解转化为求解最优化问题，更便于问题求解（虚拟样本）；基于扰动的技术的是指通过噪声注入（数据扰动）实现样本的扩增；基于分布的技术是指利用不同的概率分布函数建立真实数据的近似分布函数，然后通过概率分布函数生成数据。从人工智能角度分析，虚拟样本生成方法又可细分为群智能优化算法、传统监督学习方法、深度学习方法等。在求解优化问题上的快速寻优能力，使群智能优化算法能够在可行域范围内寻找满足准则条件的虚拟样本。传统监督学习方法方面，利用传统监督学习方法中分类方法的内在机制进行虚拟样本生成，使用最广泛的方法有k近邻、支持向量机、极限学习机等。深度学习方法方面，生成对抗网络可以在不依赖于任何数据分布的前提下，通过生成器与判别器之间的博弈生成逼近真实数据的伪样本数据。本书考虑到数据属性数量多少的问题，主要利用了基于分布、基于传统监督学习、基于深度学习三种虚拟样本生成技术。

（2）特征工程方法。特征工程主要是将数据进行加工并转换为更好的训练数据，从而使模型的性能得到提升。值得注意的是，此处的"特征"两字与本书中的"属性"具有相同的概念。特征工程一般包括特征构建（特征衍生）、特征选择与特征提取三个部分。特征构建主要利用不同的方法分析挖掘数据潜在的形式和结构，并人工创造出有益于模型训练的新特征。特征选择主要是指利用不同手段或技术将原始数据集中的特征进行缩减，筛选出最优特征子集。特征选择技术主要包括过滤式、封装式和嵌入式三种主要方法。过滤式方法是利用统计和信息理论模型计算特征的相对重要性，对特征进行选择；封装式特征选择算法充分考虑了不同特征组合对结果的影响，将特征选择步骤与模型评估联系在一起，获得较高的预测精度，同时增加了模型的复杂度；嵌入式特征选择方法主要将特征选择技术嵌入到模型中，利用模型进行数据训练时，可通过不同阈值筛选出特征。本书主要利用特征构建方法对低维数据进行处理，利用特征选择方法对高维数据进行特征选择。特征提取主要通过投影映射，将原始数据转换到新的特征空间并提取新的特征进行样本的划分。

（3）迁移学习方法。迁移学习是指在给定源域、目标域和学习任务的前提下，将源域数据中的知识迁移到目标域中，进而提升学习效果。根据所采用方式的不同，迁移学习方法可分为以下四种：基于样本的方法、基于特征的方法、基于模型的方法和基于关系的方法。具体来说，基于样本的方法是指基于源域数据样本利用权重、阈值等对源域样本进行有选择性的利用；基于特征的方法是指利用特征变换方式减少两域样本的分布差异；基于模型的方法是指通过参数共享实现两域信息传递；基于关系的学习方法是指基于两域之间的关系或任务间的相似性实现知识的迁移。本书主要利用基于样本和基于特征的方法对存在辅助数据的小样本进行信用风险分类。

（4）集成学习方法。集成学习方法是指通过多个基学习器的结合实现效果的增强。按照基学习器构成的多样性，将集成学习分为同质集成和异质集成。具体而言，同质集成学习方法是利用同一种基学习器通过不同的技术实现结果的集成；异质集成学习方法是利用不同基学习器通过不同技术实现结果的集成。本书主要利用集成学习方法增强模型的鲁棒性。

以上方法的具体内容在前文中已有论述，本小节仅做简单介绍。

1.3.2.3 技术路线

本书的技术路线可概括为：首先，依据国内外学者对信用风险分类问题的相关研究，从数据特征的角度出发，提出小样本数据特征驱动的信用风险分类的具体研究问题。其次，从小样本数据的属性问题和实例问题的角度出发，以小样本数据特征为基础，分析了五种小样本数据特征及小样本与其他数据特征共存时的信用风险分类问题。再次，针对这五种小样本数据特征驱动的信用风险分类问题，从数据域与算法域的角度，提出了相应的解决方案。最后，提出小样本数据特征驱动的信用风险分类实施与对策建议。具体技术路线如图1-5所示。

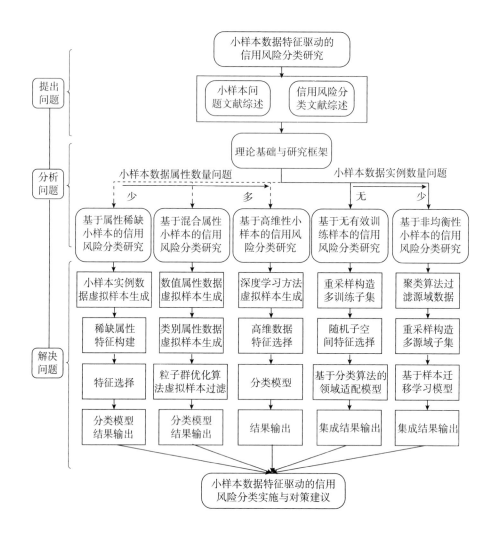

图1-5　技术路线

（1）在基于属性稀缺小样本的信用风险分类中，第一步，利用极限学习机生成虚拟样本。第二步，针对属性稀缺的数据进行特征构建。第三步，利用嵌入式特征选择最优特征子集。第四步，基于单分类器、多分类器构建预测模型，得到最终的预测结果。

（2）在混合属性小样本的信用风险分类中，第一步，分析小样本数据中的数值属性数据，并对数值属性数据进行基于分布的虚拟样本生成。第二步，对于类别属性数据，基于 Bootstrap 方法生成虚拟样本。第三步，通过 kNN 算法确定标签后，利用粒子群算法选择有益于提升训练结果的虚拟样本。第四步，通过支持向量机分类模型进行数据的训练与预测。

（3）在基于高维性小样本的信用风险分类中，第一步，利用深度学习方法进行虚拟样本生成。第二步，采用特征选择方法去除高维样本中的冗余特征。第三步，基于单分类器和多分类器构建预测模型。第四步，输出最终预测结果。

（4）在基于无有效训练样本的信用分风险类中，第一步，利用 Bagging 重采样构建多个训练子集。第二步，通过随机子空间集成方法进行特征选择。第三步，基于分类模型的域自适应学习构建预测模型。第四步，集成预测结果并输出最终结果。

（5）在基于非均衡性小样本的信用风险分类中，第一步，利用聚类算法过滤源域数据。第二步，通过 Bagging 重采样构建多源域子集。第三步，基于改进的 TrAdaBoost 方法进行样本迁移，从而构建预测模型。第四步，利用多数投票技术，输出到最终的预测结果。

1.4 创新之处

本书的主要目的是对具有小样本数据特征的信用风险进行分类研究。因此，本书基于小样本数据特征，在不同情形下从多个方面对小样本信用风险分类进行了有意义的探索。本书针对小样本数据特征及小样本与其他数据特征共存时的信用风险分类问题进行研究。主要创新点如下：

（1）针对实例稀缺（小样本）与属性稀缺（低维性）共存时的信用风险

分类问题，提出一种基于极限学习机数据增强与特征工程的混合模型，提高属性稀缺小样本的信用风险分类效果。

（2）针对新兴的网贷机构（以及所有银行业金融机构、消费金融公司和小贷机构等）仅有小样本数据时的信用风险分类问题，从混合属性角度出发，提出一种融合 Bootstrap 与多分布整体趋势扩散技术的虚拟样本生成方法，通过粒子群算法选择合适的虚拟样本提升模型的训练效率，从而提高小样本网贷数据信用风险分类精度。

（3）针对小样本数据集中含有大量冗余属性信息的信用风险分类问题，提出一种基于深度学习数据增强与混合特征选择方法的信用风险分类模型，提升高维性小样本信用风险分类精度。

（4）针对小样本数据集中无有效训练样本的信用分类冷启动问题，提出一种基于领域适配的多级集成学习模型，并将其应用到中小企业信用风险评估中，提高无有效训练样本信用风险分类精度。

（5）针对小样本数据集中存在极少数违约样本的信用风险分类问题，提出一种基于样本迁移与聚类重采样的集成学习模型，提高非均衡性小样本信用风险分类精度（Ⅰ类精度）。

第2章 理论基础与研究框架

2.1 基本概念

2.1.1 小样本的概念

目前，以深度学习为典型代表的机器学习模型已经在对象分类、文本分类、语音识别、图像识别、故障诊断等任务中取得了较好的效果。通常，机器学习模型能够获得较好的结果在很大程度上依赖于大量的训练数据。然而，许多领域经常会由于数据获取成本较高、数据获取困难或发生概率较小等原因，面临着可用数据有限，即"大数据，小样本"的问题。在统计学领域，小样本通常指样本容量小于或等于30，如此少的样本不能完全覆盖研究对象的整体有效空间，即存在信息不完整和不充足的情况。因此，在这种情况下从机器学习角度出发所构建的模型是低效甚至是无效的，相应的决策也是错误的。

为深入剖析小样本特性，本书从数据构成的角度来分析小样本的类型。通常，数据集由实例（样本）与属性（特征）构成，上述从统计学角度对小样本概念的描述仅从实例个数少的角度出发。然而，综合考虑属性与实例两个维度，按照属性数量与实例数量的多少进行组合，一个待分析的数据集可以表现出四种状态。具体来讲：①实例多且属性多的情况，即为正常样本。这种情况是机器学习中常见的情况，不属于小样本范畴。②实例少且属性多的情况，即为高维小样本，如 DNA 微阵列数据、高光谱遥感图像数据等。③实例少且属性少的情况，即为经典的小样本情况。为满足小样本数据建模，需依据不同情境采用数据增强或特征生成与融合等技术。④实例多且属性少的情况，这是一种典型的数据属性稀缺情况，属于低维性样本，不属于小样本范畴。因此，为开展小样本数据机器学习的研究，本书所分析的小样本主要是由实例少且属性多（第 2 种状态）和实例少且属性少（第 3 种状态）的样本构成，两种状态的共同特点是实例少。

2.1.2 信用风险分类的概念

信用风险是金融和银行业面临的重要问题之一。在《巴塞尔协议Ⅲ》的监管框架下，信用风险评估已成为学术研究者和商业从业者的热点话题。众所周知，信用风险是指借款人由于种种原因，不愿或无力履行到期债务的风险。信用风险的主要形式为信用违约与信用欺诈，而不断增加的信用违约和欺诈是导致金融危机产生的主要原因之一。因此，对于金融机构来说，准确地预测信用风险可以有效地避免信用违约，减少可能的经济损失。

信用风险评估可以根据申请人的历史数据信息，通过定性与定量的方法构建信用风险预测模型，对申请人出现违约的可能性进行预测，这常被认为是一种二分类问题，又被称为信用风险分类。因此，信用风险分类是对申请人的信用风险进行类别划分的问题。

信用风险分类方法从最初的专家主观判断分析法，演变到传统的数理统计模型，最后到更为复杂的人工智能模型。主观判断分析法出现于信用风险评估的早期阶段，通过专家的主观知识和经验来评估信用风险。然而，定性评估对精度的提升效果不是很明显，学者们逐渐转向基于数学、统计学和运筹学等理论的方法来解决信用风险的定量评价问题。通常，信用风险分类模型包括传统数理统计与计量单模型、人工智能单模型、混合系统多模型和集成学习多模型，这些分类模型能够将信用数据集的样本进行二分类预测。此外，按照授信主体可以分为个人信用风险分类、企业信用风险分类与国家信用风险分类，按照借贷的表现形式可以分为传统借贷与互联网金融借贷。本书的研究内容包括传统借贷的个人信用风险分类、互联网金融的个人信贷风险分类和企业信用风险分类，且针对不同数据特征的信用风险分类问题选择合适的信用风险分类模型。

2.1.3　数据特征驱动建模

数据驱动建模是近年来最为热门的研究话题之一。然而，不同的数据集往往呈现不同的数据特征，而数据特征对模型选择和模型性能有一定的影响。因此，数据特征驱动建模具有十分重要的研究意义。通常，对于信用风险分类研究来说，数据特征主要包括以下四个大类、十个小类，即外部结构特征包括多源特征和异质特征，数据质量特征包括缺失性和噪声性，数据数量特征包括大样本、小样本、高维性和低维性，内部信息特征包括稀疏性和非均衡性。

"数据特征驱动"的概念被 Tang 等（2013）提出，他们通过分析数据的基本特征，建立相应的解决方案与选择合适的模型，从而提高模型的预测精度。这一技术框架在能源预测方面取得了显著的成效，表现出显著的优势。因此，只有针对数据中不同的数据特征提出相应的解决方案与选择合适的模型，才能获得显著效果。对于信用风险分类数据集中存在的多种数据特征，张有德（2018）对信用数据集中的数据特征做了详细的介绍，描述了信用数据集中七种数据特征的识别与相应的解决方案，并认为如果将数据特征驱动建模的思想引入信用风险分类领域，根据数据本身的固有特征提出相应的解决方案并选择合适的分类模型，那么分类的效果将得到极大改善。综上所述，本书针对信用数据集中的小样本数据特征进行深入研究，构建小样本数据特征驱动的信用风险分类模型。

2.2　理论模型介绍

2.2.1　小样本学习的理论模型

小样本学习是近年来新兴的研究热点，由于隐私或安全问题，有标签的样本很难或不可能获得，如目标识别、冷启动项目推荐和疾病诊断方面的数据等。其中，信用冷启动就是一个典型的案例，它试图发现更多、更有效的训练样本，构建信用分类模型，从而识别出违约样本。业务长期停滞后重启或者新兴的金融机构开展信贷业务时，没有更多的训练样本。因此，从少量样本中学习有效的知识很重要。目前，学者们对于小样本学习理论的研究从以下几个方面展开：数据增强、迁移学习、度量学习和元学习（Lu 等，2020）。

数据增强方法是一种直观地增加样本数量并提升数据多样性的方法。在图像识别领域，对原始图像进行旋转、翻转、裁切、平移或者增加噪声来得到更多样本的方式已经成为数据增强的基础方法。但在小样本学习中，只采用这类方法无法获得足够的样本，还需基于历史数据信息采用数学模型生成更多训练样本。在数据增强算法中，虚拟样本生成是一种最为有效的技术，根据第 1 章的描述，虚拟样本生成方法包括基于领域先验知识、基于扰动、基于分布和基于人工智能算法的虚拟样本生成技术。具体内容详见本书 1.2.1 小节。此外，在数据集中，对于类别极端非均衡状态下的少数类样本，SMOTE 等合成样本技术也是常见的数据增强方法，该方法可通过插值技术形成更多的合成少数类样本。目前，该方法已有众多改进版本（Fernandez 等，2018）。

迁移学习的目标是从一系列任务中学习某种知识或经验，并将其迁移到另一些与之相似的任务中。用来学习这种知识或经验的样本构成了迁移学习的源域，而使用这些知识和经验的模型所对应的样本构成了迁移学习的目标域。通常，目标域中缺乏足够多带有标签的样本，而源域中则往往含有足量带有标签的样本。在特定的场景下，迁移学习技术具有较好的效果。

度量学习方法旨在学习一种相似性函数，并用该函数判断样本的相似度。这种相似性函数的选取越契合数据背后的真实分布，就越可以提升小样本分类模型的性能。采用这种方式进行学习的代表性算法有类相关度量法（Fink，2005）、核提升法（Hertz 等，2006）、孪生网络（Koch 等，2015）等。

元学习方法在训练学习模型之前需要先训练一种元学习模型，这种元学习模型中包含了一些可在不同任务间共享的信息，使在执行其他训练任务时可利用这种先验信息，进而提高模型的训练效率。依据元学习模型中共享信息种类和方式的不同，元学习方法可以分为基于度量、基于微调、基于参数化、基于调整和基于记忆五类（Vilalta 和 Drissi，2002）。具体来说，基于度量的元学习方法注重学习一种可在模型间共享的度量，而传统度量学习是为了得到针对特定任务的特定知识。其中，最具代表性的算法是匹配网络（Vinyals 等，2016）、原型网络（Snell 等，2017）和关系网络（Sung 等，2018）。基于微调的元学习方法中，最有代表性的方法是模型不可知的元学习（Model-Agnostic Meta-Learning，MAML）（Finn 等，2017），其核心思想是通过交叉任务训练策略来寻找一个良好的初始参数，使初始化后的基分类器能够在少量样本的支持下快速地泛化到新任务中。基于参数化的元学习方式侧重于通过对元学习器和任务学习器的同步训练来得到针对特定任务的参数组合。基于调整的元学习方法通过元学习器来改变基学习器的节点使特定样本与基学习器的相容性更好（Munkhdalai 和 Yu，2017）。基于记忆的元学习方法将小样本任务的支持集看作一个序列，并将小样本学习任务看成一个序列学习的任务（Santoro 等，2016）。元学习方法具有任务间的良好可迁移性，在概念上拥有较其他方法而言不可比拟的优势，因此被广泛应用于计算机视觉等领域。

2.2.2　信用风险分类的理论模型

随着人工智能技术的发展，各种各样的模型被开发和应用于信用风险分类领域。在这些信用分类模型中，主要包括传统数理统计单模型、人工智能单模型和混合集成模型。具体来说，传统数理统计信用分类模型包括线性判别分析（Linear Discriminant Analysis，LDA）（Altman，1968）、逻辑回归（Logistic Regression，LogR）（Wiginton，1980）、k 近邻模型（k-Nearest Neighbor，kNN）和朴素贝叶斯模型（Naïve Bayes，NB）（Vedal 和 Kumar，2012）等。传统统计单模型具有较好的可解释性，且有操作简单、参数设置较少等优点。

（1）逻辑回归。逻辑回归模型是一种经典的回归分析模型，其克服了线性回归模型对自变量的统计性假设，避免了数据分布假设对预测结果的影响，具有更加广泛的适用范围，常用于疾病诊断、经济预测与信用风险分类等领域。例如，在信用风险分类领域，根据贷款申请者的基本信息，预测贷款者信用风险是否发生（预测出"类别"）及其违约的概率（便于利用概率做辅助决策），逻辑回归模型可获得较好的结果。此外，模型对变量的分析具有较好的可解释性，具有较好的使用价值，在金融和银行业界得到广泛应用。

（2）k近邻。k近邻模型同样可作为分类与回归模型，其没有直接的模型训练过程，仅需在现有训练样本中进行计算，属于懒惰学习方法。在模型测试阶段，直接将测试集样本在训练集中进行距离的计算，而后寻找最近的k个近邻，常用欧氏距离等度量方式。对于信用风险分类任务，测试样本的标签为k个近邻样本中由多数投票形式产生的类别。因此，k近邻模型是一个理论成熟且操作简单的高效模型，k近邻模型备受学者青睐。然而，k近邻模型的效果受到三个因素影响：第一个是近邻个数k，k较小时，对噪声敏感，k较大时，模型会受到非均衡等因素影响；第二个是距离的度量方式，受到数据的维数等因素影响，欧氏距离、曼哈顿距离或余弦距离对模型有不同的影响；第三个是近邻样本的不同权重对模型有一定的影响。

（3）朴素贝叶斯。朴素贝叶斯是一经典的概率分类模型，其假设属性条件独立。对于信用风险分类任务，给定训练数据集，基于以上假设学习属性数据与类别标签之间的联合分布，进而构建模型。其算法实现简单，且学习与预测的效率高。此外，经过模型拓展可形成贝叶斯网络等模型。

传统的信用风险分类模型无法解决变量之间的复杂关系，随着人工智能技术的发展，人工智能单模型决策树（Decision Tree，DT）（Dumitrescu 等，2022）、人工神经网络（Artificial Neural Network，ANN）、支持向量机（Support Vector Machine，SVM）及深度学习等模型被应用于信用风险分类中。

（1）决策树。DT是一种最常见的机器学习方法，其遵循"分而治之"的策略，以递归形式构建树状决策模型，是最易被接受的自然处理机制。在一棵决策树中，基于划分不同属性的取值，节点中的数据被分成不同的子集，具有不同的标记形式。在模型测试阶段，不同数据经过一系列的划分到达叶节点，获得最终预测结果。划分技术是决策树算法的核心，其经历三种形式的演化。ID3算法采用信息增益作为分割准则（Quinlan，1986）。给定一训练集合 D，数据集的信息熵被定义为：

$$\mathrm{Ent}(\mathrm{D}) = -\sum_{k=1}^{|y|} p_k \log_2 p_k \qquad (2-1)$$

如果离散属性 a 有 k 个可能的取值，那么属性 a 对样本集 D 划分时产生的"信息增益"为：

$$\mathrm{Gain}(\mathrm{D},\ a) = \mathrm{Ent}(\mathrm{D}) - \sum_{i=1}^{k} \frac{|\mathrm{D}_i|}{\mathrm{D}} \mathrm{Ent}(\mathrm{D}_i) \qquad (2-2)$$

信息增益数值越大，属性 a 划分所获得的"纯度"提升就越大。然而，对于取值较多的属性，信息增益数值会受到属性很大的影响。因此，为解决此类问题，Quinlan（1993）采用信息增益率作为最优属性划分准则，即：

$$\mathrm{Gain\_ratio}(\mathrm{D},\ a) = -\frac{\mathrm{Gain}(\mathrm{D},\ a)}{\sum_{i=1}^{k} \frac{|\mathrm{D}_i|}{|\mathrm{D}|} \log_2 \frac{|\mathrm{D}_i|}{|\mathrm{D}|}} \qquad (2-3)$$

信息增益率减少了对取值较多的属性的偏好，而是基于信息增益率高于平均水平的属性，从中选择增益率最高的属性。此外，采用"基尼系数"划分准则的 CART 算法（Breiman 等，1984）是一种经典的决策树算法，数据集 D 的纯度表示为：

$$\mathrm{Gini}(\mathrm{D}) = 1 - \sum_{k=1}^{|y|} p_k^2 \qquad (2-4)$$

Gini（D）越小，数据集的纯度越高。属性 a 的基尼系数定义为：

$$\mathrm{Gain\_index}(\mathrm{D},\ a) = -\sum_{i=1}^{k} \frac{|\mathrm{D}_i|}{|\mathrm{D}|} \mathrm{Gini}(\mathrm{D}_i) \qquad (2-5)$$

其中，基尼系数最小的属性为最优划分属性。然而，决策树易出现过拟合现象，常采用剪枝等技术提升模型的泛化性能。

（2）人工神经网络。ANN 是一种经典的非线性模型，源自对人类大脑神经网络结构的仿真和模拟。神经元模型、网络结构和学习算法决定神经网络的功能，可以对复杂数据进行分析，能够完成自学习、自适应过程。因此，获得了较为广泛的应用。如在信用风险分类任务中取得了突破性的进展，避免了传统模型对数据分布的要求，提升了非线性处理能力，且具有较强的自适应能力。人工神经网络能够通过激活函数的设置和权值的不断调整，探究属性之间的内在联系，最终构建出输入与输出之间的非线性映射的模型，完成对测试样本中是否存在违约的预测。人工神经网络可以处理噪声和不完整数据，具有较强的泛化能力，但模型的可解释性不强。人工神经网络有很多网络结构拓展模型，在信用风险分类任务中，常用的为 BPNN 模型，已被广泛应用于个人与企业的信用风险分类任务。BPNN 模型对训练集，进行输入层、隐含层和输出层的前馈计算，然后计算输出层的结果与真实值的误差，之后进行反向传播，在反向传播过程中进行权值的更新。通过多轮迭代，完成误差最小化的计算目标。但模型易遭遇过拟合，学者常通过正则化或早停策略进行模型改进。此外，随着人工智能技术的发展，多层的神经网络以及卷积网络等都已在信用分类任务中被广泛应用。

（3）支持向量机。SVM 是一种应用最广泛的人工智能算法，其基于 VC 维（Vapnik-Chervonenkis dimension）理论与结构风险最小化原则建立的模型，在处理小样本数据及数据间的非线性关系时具有较好的表现，被广泛应用于不同领域。其基本思想是在特定的空间中通过超平面实现模型的构建。然而，当原始空间中是非线性的数据时，难以较好地进行线性分类。事实上，核函数可以很好地解决这类问题（Wu 等，2021；Xu 等，2021）。对于信用风险分类任务，支持向量机通过引入核函数，将数据映射到高维空间，然后寻找具有最大间隔的超平面将违约与未违约样本（即好的信用于坏的信用）进行区分。其中，间隔被定义为两类样本到分类超平面的距离。然而，支持向量机的缺点很明显，模型对于数据集中的噪声敏感、处理大规模数据集的效率较低、不同形式的核函数对模型的性能产生一定的影响。学者们已做出相应的改进，改进后的模型已应用于不同领域，如时间序列预测、图像识别、疾病检测、故障诊断和信用分类等。

与传统方法相比，人工智能模型可以很好地解决非线性分类问题，但也有其局限性，如易陷入局部极小值和模型不稳定性等。为了解决这些问题，有学者采用了一些比基于人工智能的单一模型精度更高的混合分类器和集成分类器进行信用风险分类。通常，混合分类器可以结合单个分类器的优点，形成性能更高的分类模型，在智能单模型与智能单模型的混合中，如混合支持向量机和深度信念网络（Deep Belief Nets，DBN）获得了较好的分类性能。此外，Bagging（He

等，2022）、随机森林（Random Forest，RF）（Li 等，2020）、AdaBoost（Xiao 等，2021）和梯度推进决策树（Gradient Boosting Decision Tree，GBDT）等集成分类器在信用风险分类中得到了更广泛的应用。事实上，对于集成学习模型，经典的集成策略主有以下两种：

（1）Bagging（Bootstrap Aggregation）集成策略，它由 Breiman（1996）提出。该策略主要通过有放回抽样（Bootstrap Sampling）技术构建多个不同的训练子集，然后再利用多个基分类器进行训练，最终以多数投票形式实现的预测结果集成。Bagging 对于弱分类器性能具有较大的提升，通过结合不同的基分类器可以减少预测模型的方差，同时该策略是解决样本量少的有效途径，可以增强模型的泛化性能。由于该策略的简单高效性，后期衍生出很多集成策略并取得了较好的效果，如随机森林方法将随机子空间与 Bagging 进行了完美结合。Bagging 算法的过程如图 2-1 所示。

输入：数据集 $D = \{(x_1, y_1), (x_2, y_2), \cdots, (x_m, y_m)\}$；

　　　基学习算法 $\mathcal{L}$；

　　　基学习器数 T.

步骤：

1.　　**for** $t = 1, \cdots, T$：

2.　　　　$h_t = \mathcal{L}(D, \mathcal{D}_{bs})$. % $\mathcal{D}_{bs}$ 为抽样分布

3.　　**end**

输出：$H(x) = \underset{y \in y}{\arg\max} \sum_{t=1}^{T} \mathbb{I}(h_t(x) = y)$

图 2-1　Bagging 算法

（2）Boosting 集成策略，它不同于 Bagging 的并行形式，是一种串行形式的集成。Boosting 包含了一系列方法（Freund 和 Schapire，1996；Schapire，1990）。不同于 Bagging 集成算法，Boosting 算法利用样本有顺序的加权来训练不同的基学习器。在每次训练中，被错误分类的样本将在下一次训练时增大权重，且在固定迭代次数的条件下，实现数据的反复训练。该方法可通过以下三

步实现：首先，使用统一的权重对所有实例进行初始化。其次，进行加权训练，正确分类的实例的权重被降低，而不正确分类的实例将获得更高的权重。最后，输出由线性组合构建而成的模型。尽管 Boosting 算法有好几个版本，使用最广的为由 Freund 和 Schapire 于 1996 提出的 AdaBoost 算法。该算法可以很好地降低模型的偏差，被学者衍生出许多新的集成模型，如 XGBoost 算法（Chen 和 Guestrin，2016）等。图 2-2 给出了 Boosting 算法的一般过程。

输入：样本的分布 $\mathcal{D}$；

基学习算法 $\mathcal{L}$；

学习次数 T.

步骤：

1.　　$\mathcal{D}_1 = \mathcal{D}$.

2.　　**for** $t = 1, \cdots, T$：

3.　　　　$h_t = \mathcal{L}(\mathcal{D}_t)$；%　训练弱分类器

4.　　　　$\epsilon_t = P_{x \sim \mathcal{D}_t}(h_t(x) \neq f(x))$；%　计算错误率

5.　　　　$\mathcal{D}_t = \text{Adjust\_Distribution}(\mathcal{D}_t, \epsilon_t)$.

6.　　**end**

输出：$H(x) = \text{Combine\_Outputs}(\{h_1(x), \cdots, h_t(x)\})$

图 2-2　Boosting 算法

2.3　小样本数据特征驱动的信用风险分类研究框架的构建

现有研究从虚拟样本生成及迁移学习角度来改善小样本建模的泛化性能，且已提出多种信用风险分类模型。为了进一步增强小样本数据的信用风险分类性能，本书主要基于数据特征驱动建模的思想，研究小样本条件下不同特征数据的信用风险分类问题，帮助金融机构增加不同场景下的信用风险分类模型。本书研究的核心问题可概括为：面对小样本自身数据特性和小样本与其他数据特征共存的信用风险分类问题，利用虚拟样本生成技术与迁移学习等方法，针对小样本数据集中出现的典型数据特征进行模型构建。为了从属性和实例数量的角度对小样本数据进行分析，本书将具有不同数据特征的小样本数据进行汇总，并提出研究框架。整体的研究框架可由三部分构成：数据特征分析、问题刻画和问题解决，具体如图 2-3 所示。

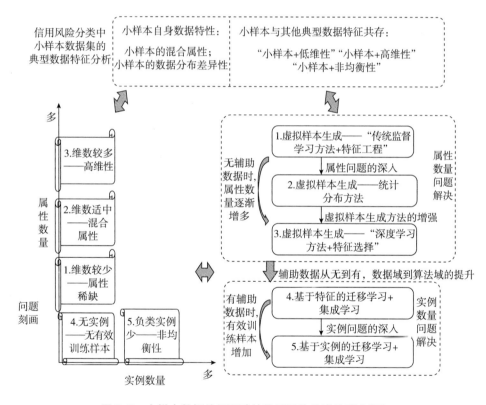

图 2-3　小样本数据特征驱动的信用风险分类的研究框架

具体来说，在数据特征分析部分，本书研究的典型数据特征包括小样本自身特性（如小样本的混合属性与分布差异性）和小样本与其他数据特征的混合（如"小样本+低维性""小样本+高维性""小样本+非均衡性"）。通过对数据特征的分析，可刻画出数据属性与数据实例的问题，即"属性数量少——低维性（又称属性稀缺）""属性数量适中——混合属性""属性数量多——高维性""实例数量为零时——无有效训练样本即分布差异性"和"负类实例少（又称坏的信用样本少）——非均衡性"。在问题解决部分，针对数据属性与数据实例中存在的五个数据特征问题，利用虚拟样本生成技术与迁移学习等方法提出相应的解决方案。

在问题刻画部分，二维平面直角坐标系中出现几种数据特征和关键词语，现进行具体描述。一方面，本书中出现的"实例"与"属性"来源于数据挖掘中对数据集的描述，分别与机器学习中的"样本"与"特征"意义相同。而"维数"是数据库中的词语描述，与数据挖掘中的"属性"和机器学习中的"特征"意义相同。另一方面，本书研究的数据特征是指数据集呈现的不同形态。如属性稀缺是指维数较少，即低维性；混合属性是指数据集包含数值属性数据和类别属性数据；高维性是指数据集中维数大于100维（于力航，2021）；无有效训练样本是指小样本数量为零，即无有效训练样本；非均衡性是指数据集中好的信用样本数量多于坏的信用样本数量。

在信用风险分类中小样本问题解决部分，本书主要从数据域与算法域两个维度进行讨论。现将本书的研究目标及实现方法描述如下：从属性数量的维度来看，在小样本无辅助数据的状态下，当维数较少时，即存在数据存在属性稀缺与实例稀缺问题时，采用传统监督学习的虚拟样本生成方法与特征工程技术，构建属性稀缺小样本的信用风险分类模型。当维数适中，即存在数据非属性稀缺与较高维数问题时，考虑到混合属性问题，采用基于统计分布的虚拟样本生成技术，构建混合属性小样本的信用风险分类模型。当维数较多，即存在高维性小样本问题的，采用基于深度学习的虚拟样本生成技术与特征选择方法，构建高维性小样本的信用风险分类模型。从实例数量的维度来看，在小样本存在辅助数据的状态下，对于无有效训练样本，即小样本数量为零时，采用基于特征的迁移学习方法，构建无有效训练样本的信用风险分类模型。当坏的信用样本（即违约样本）数量较少时，即样本属于非均衡性小样本时，采用基于实例的迁移学习方法，构建非均衡性小样本的信用风险分类模型。基于构建的五类信用风险分类模型，建立小样本问题的信用风险研究框架，并匹配出合适的分类器。总体上，本书基于数据特征问题，构建合适的小样本数据特征驱动的信用风险分类模型。

2.4　本章小结

本章主要对小样本数据特征驱动信用风险分类的理论进行归纳与总结。首先，对小样本、信用风险分类和数据特征驱动的概念进行描述。其次，对小样本学习的理论模型进行阐述。再次，对信用风险分类的理论模型进行分析。最后，基于上述内容，构建了本书的小样本数据特征驱动的信用风险分类研究框架。本章内容将为后续具体研究内容的展开做好铺垫。

第3章　基于属性稀缺小样本的
信用风险分类研究

　　小样本数据是一种典型的数据稀缺的范例，即实例稀缺。当属性（特征）数量与实例（样本）数量同时稀缺时，将增加小样本数据建模的难度。因此，为了对数据的属性和实例数量进行增强处理，本章提出混合极限学习机虚拟样本生成与特征工程模型。3.1节阐述问题背景；3.2节进行模型构建；3.3节进行实证分析；3.4节总结本章的内容。

3.1　问题背景

　　对于金融机构来说，信用违约有可能给金融机构带来经济损失，一个有效的信用风险分类模型可以更好地预测申请人违约的可能性。在过去的几十年里，各种分类模型被应用到信用风险分类领域，新的分类模型不断被提出与得到应用。然而，研究结果表明，没有一种分类器能在所有数据集中都表现优秀（Ali 和 Smith，2006）。实际上，从数据域的角度分析，数据特征对预测性能有一定影响。真实信用数据集呈现非均衡性、高维性、稀疏性与数据稀缺性等数据特征，不同的数据特征对模型的分类预测结果有不同的影响。因此，建立数据特征驱动的建模方法是解决信用风险分类的有效途径。本章将主要研究具有稀缺性数据的信用风险分类。

现有的信用风险分类研究多基于充足样本构建模型。然而，一些新兴金融机构，如互联网贷款公司，在早期或开展新业务时，只有少量样本的信贷数据集。从机器学习的角度来看，仅有少量样本时难以构建有效的信用风险预测模型，难以避免申请人违约风险造成的经济损失。因此，如何有效地利用少量样本的数据信息，对于信用风险分类来说越来越重要。

一般来说，从数据构成的角度来看，数据稀缺性一般分为数据实例（样本）稀缺性和数据属性（特征）稀缺性。数据实例的稀缺性又称为小样本，数据属性的稀缺性又称低维性。通常，小样本不能充分体现数据的有效信息，小样本数据建模易出现过拟合和精度低的问题。针对小样本问题，学者们提出了虚拟样本生成和特征工程等常用方法。

在这些方法中，虚拟样本生成（Virtual Sample Generation，VSG）是最常用的处理小样本问题的技术。通常情况下，VSG 通过生成大量的虚拟样本增加训练集中的样本数量，进而提高预测模型的泛化性能和预测精度。前已详细介绍了四类虚拟样本生成技术，此处不再赘述。特别地，由于属性稀缺问题，基于分布的虚拟样本生成技术无法充分捕捉数据的分布特征，监督的机器学习方法可以利用模型的自身优点生成虚拟样本，例如，He 等（2018）提出了一种基于非线性极限学习机的插值生成虚拟样本方法来提高小数据问题的预测精度。

对于数据稀缺性问题中的属性稀缺性，即低维性问题，特征工程是有效解决该问题的方法。通常，特征构建和特征选择是特征工程常用的方法。特征构建是指利用原始领域知识进行特征生成，主要通过操作算子（如+，－，＊，／）或者通过超平面、逻辑规则来构造新的特征空间（Gomez 和 Morales，2002）。事实上，通过操作算子构建的特征易存在大量冗余或者不相关的特征，特征选择可以有效过滤这些特征，只有构建出优质特性才能极大地提高模型的预测性能。例如，Mahanipour（2019）利用引力搜索算法进行特征构建，在 13 个标准数据集中的实验结果表明，其提出的方法在提供合适的小特征子集和提高分类器精度方面具有很大的优势。对比基准模型，实验结果证明了利用引力搜索算法进行特征构建的有效性。

在信用风险分类中，Piramuthu 等（1998）利用函数构建与属性交互生成新的特征集，解决了数据噪声问题，提高了神经网络模型在信用风险分类方面的预测性能。对于银行的财务数据，基于领域知识的特征构建变得尤为重要，例如，Zhao 等（2009）利用财务比率构建新特征，基于四种常用的分类模型进行银行破产预测。研究结果表明，以领域知识为导向的特征构建显著提高了分类器性能。对于信用卡欺诈检测任务，大多数研究采用 Whitrow 的特征构建框架，Wu 等（2019）基于行业专家的领域知识、欺诈者的提示、相关媒体报道和相关文献构建了特征集，以捕获持卡人的行为模式，用极端梯度增强、随机森林和支持向量机三种模型来验证特征集的有效性。结果表明，他们提出的方法在性能上有显著的提升。

对于实例稀缺问题，大多数研究从预测的角度对小样本进行分析。虽然 He 等（2018）提出了一种基于极限学习机的中间插值 VSG 方法来提高能源数据模型的预测精度。但中间插值可能会限制虚拟样本的多样性，不能高效控制虚拟样本的输出。此外，在以往的文献中，上述方法未应用于信用风险分类领域。通常，其他一些数据特征（如稀缺性、非均衡性等）对模型预测有重要影响。对于属性稀缺问题，有效的特征构建能够解决属性稀缺问题，且提高预测精度。为进一步解决数据稀缺问题、提供准确的信用风险分类模型，本章提出了一种混合极限学习机虚拟样本生成与特征工程的方法（Zhang 等，2022）。

总体来说，该方法主要包括虚拟样本生成、特征构建、特征选择和模型预测四个阶段。该方法首先利用极限学习机生成虚拟样本来解决数据实例稀缺性（即小样本问题）；其次利用特征构建和特征选择等特征工程技术来解决数据属性稀缺性（即低维性问题）；最后采用单线性分类器、单非线性分类器和集成分类器等典型的分类算法进行信用风险分类。为了验证的目的，我们使用两个具有不同数据特征（即小样本与低维性）的信用数据集进行测试和验证，对比分析虚拟样本量的增加与模型预测性能的关系。同时，引入主成分分析（Principal Component Analysis，PCA）方法作为基准模型，验证本章提出方法的有效性。

3.2　模型构建

本节提出一种混合基于极限学习机（Extreme Learning Machine，ELM）的虚拟样本生成（VSG）与特征工程的模型（ELMVSG-FE），将其应用于具有数据稀缺问题的信用风险分类任务中。该方法将具有高效、快速建模能力的 ELM 引入到虚拟样本生成方法中，扩增样本信息。同时利用特征构建和特征选择的方法捕获训练集中的有价值信息，扩增属性信息。此外，为了提高模型预测性能，本章对训练样本进行均衡化采样。数据属性稀缺小样本信用风险分类的研究框架如图 3-1 所示。

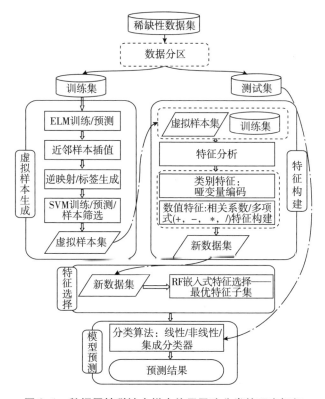

图 3-1　数据属性稀缺小样本信用风险分类的研究框架

从图3-1可以看出，本章所提出的方法包括四个主要阶段：虚拟样本生成、特征构建、特征选择和模型预测。具体来说，第一阶段，在ELM模型内部执行非线性插值技术生成虚拟样本，基于SVM的预测结果选择质量较优的虚拟样本。第二阶段，采用哑变量编码、相关系数和多项式方法对类别特征（又称类别属性）和数值特征（又称数值属性）进行特征构建。第三阶段，采用随机森林（Random Forest，RF）嵌入式特征选择方法获得最优特征子集。第四阶段，基于最优特征子集，使用分类器进行最终预测，包括线性分类器、非线性分类器和集成分类器。

3.2.1 数据稀缺性

本章研究的是数据稀缺问题。通常，数据集由数据对象组成。从数据对象的角度来看，数据稀缺性可以分为数据实例稀缺性和数据属性稀缺性。对这两个类别进行区分，得到图3-2。

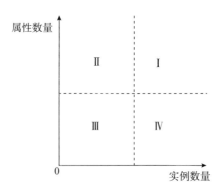

图3-2 数据稀缺的一般组成结构

从图3-2可以看出，x坐标为数据实例数量（Instance），y坐标为数据属性数量（Attribute）。据此，可以配制出四种不同的组合。象限Ⅰ表示具有足够样本和足够属性的情况。这种情况是机器学习中常见的情况，不是本章的研究重点。象限Ⅱ表示实例较少而属性较多的情况，这是数据实例稀缺的典型情况。象限Ⅲ表示实例较少且属性较少的情况，这是数据实例稀缺和数据属性稀缺并存的典型情况。象限Ⅳ表示实例多、属性少的情况，这是数据属性稀缺的典型情况。本章将对象限Ⅱ、Ⅲ、Ⅳ三种情况进行重点研究。

3.2.2　虚拟样本生成

在本章提出的方法中，第一阶段可以通过 ELM 预测、插值、样本生成和 SVM 预测进行。

3.2.2.1　ELM 预测

通常，ELM 是一种特殊的单隐层前馈神经网络（SLFN），由输入层、隐含层和输出层组成（Huang 等，2004）。ELM 被认为是基于随机化的单隐层神经网络。然而，它与早期神经网络的不同之处在于在输出节点没有偏置。在 ELM 模型中，输入层与隐含层之间的权值是随机生成的，隐含层与输出层之间的权值使用最小二乘法得到，可有效减少计算复杂度、节省训练时间，并已成功应用于信用分类。因此，对于第一阶段的 ELM 预测，使用 ELM 的精度阈值来控制是否进行虚拟样本生成。关于 ELM 的描述如下：

给定训练样本 $\{(\mathbf{x}_i^n, \mathbf{y}_i^m) \mid i = 1, 2, \cdots, N, \mathbf{x}_i \in R^n, \mathbf{y}_i \in R^n\}$ ［对于分类任务，n 表示训练集特征（又称为属性）数量，m 是类别数量］，隐含层神经元数量是 L，SLFN 模型（Huang 等，2006）能够被表述如下：

$$\sum_{i=1}^{L} \beta_i g_i(\mathbf{x}_j) = \sum_{i=1}^{L} \beta_i g(\mathbf{w}_i \times \mathbf{x}_j + b_i) = \mathbf{o}_j, \quad (j = 1, 2, \cdots, N) \qquad (3-1)$$

其中，$\mathbf{w}_i = [\mathbf{w}_{i1}, \mathbf{w}_{i2}, \cdots, \mathbf{w}_{in}]^T$，表示输入层神经元与第 i 个隐含层神经元之间的权值向量，b_i 是第 i 个隐含层神经元的偏置。$\beta_i = [\beta_{i1}, \beta_{i2}, \cdots, \beta_{im}]^T$ 为连接第 i 个隐含层神经元与输出层神经元的权值向量。$g(\cdot)$ 表示激活函数，本章选择 sigmoid 函数作为激活函数。

此外，ELM 模型的输出能够表示为线性系统 $\mathbf{H}\beta = \mathbf{Y}$，其中，$\mathbf{H}$ 表示隐藏层的输出矩阵，$\mathbf{Y}$ 表示 N 个样本的输出矩阵，模型的矩阵如下：

$$\mathbf{H} = \begin{bmatrix} g(\mathbf{w}_1\mathbf{x}_1+b_1) & \cdots & g(\mathbf{w}_L\mathbf{x}_1+b_L) \\ \vdots & \ddots & \vdots \\ g(\mathbf{w}_1\mathbf{x}_N+b_1) & \cdots & g(\mathbf{w}_L\mathbf{x}_N+b_L) \end{bmatrix}_{N \times L} \qquad (3-2)$$

相应地，权重 β 能够被计算为：

$$\hat{\beta} = \mathbf{H}^{+}\mathbf{Y} \tag{3-3}$$

其中，$\mathbf{H}^{+}$ 是 H 的 Moore-Penrose 广义逆矩阵（Rao 和 Mitra，1972；Serre，2002）。

3.2.2.2　插值

与其他人工智能模型相比，ELM 在选择合适的隐含层神经元数量时具有极快的预测速度和较高的准确率。训练网络时，各层之间的权值是固定的，数据计算主要发生在隐含层。为了更好地利用 ELM 的模型原理生成有效数据，在 ELM 模型的隐含层采用了最近邻插值。

受综合少数过采样技术（SMOTE）（Chawla 等，2002）的启发，插值的数学公式表示为 $t_i' = t_i + \mathrm{rand}() \times (t_j - t_i)$，t 为隐含层中第 i 个样本对应的数据，rand() 为 0~1 的随机数。将新的矩阵表示如下：

$$\mathbf{H}' = \begin{bmatrix} g_{11}' & \cdots & g_{1L}' \\ \vdots & \ddots & \vdots \\ g_{N1}' & \cdots & g_{NL}' \end{bmatrix}_{N \times L} \tag{3-4}$$

3.2.2.3　样本生成

采用逆函数映射的方法获得虚拟样本的属性数据，具体计算公式如下所示：

$$x_{vir}' = (\mathbf{G}^{-1}(\mathbf{H}') - \mathbf{b})(\mathbf{W}^{ih})^{+} \tag{3-5}$$

其中，$\mathbf{G}^{-1}$ 是 sigmoid 函数的逆函数，$(\mathbf{W}^{ih})^{+}$ 是输入权值的广义逆矩阵。通过矩阵计算直接得到虚拟数据对应的标签 $y_{vir}' = \mathbf{H}'\beta$。最终，生成的虚拟样本的公式表示为 S = (x_{vir}', y_{vir}')。

3.2.2.4　SVM 预测

通常，生成的虚拟样本会受到噪声数据的影响，进而降低模型的预测性能。鉴于 SVM 在小数据集上具有较强的预测性能，在 ELM 生成虚拟样本生后，使用 SVM 模型的精度阈值来控制虚拟样本的输出，从而形成最终的虚拟样本集。

3.2.3 特征构建

本节特征构建用于生成更多的特征属性进而解决属性稀缺的问题。通常，按照属性数据中数值特性，属性数据的特征被分为数值特征和类别特征。对于类别特征，欧几里得距离不能较好地直接度量它们之间的关系，而使用类别特征的虚拟编码来量化这些特征，消除了特征间隐藏的错误距离差异。对于数值特征，通过构造特征多项式来扩展特征信息。通过特征算子（Ma 和 Gao，2020）生成新的特征，包括 $A+B$、$A-B$、$A×B$ 和 A^2。但是，当所有的特征都进行变换时，会增加无效的特征，产生大量的冗余特征。因此，有必要使用特征选择方法来解决这个问题。

为此，Piramuthu（1996）发现，基于相似度的构造特征可以提高分类准确率。同时，将相关系数作为指标来控制特征构建的效果。定义 v_i 和 v_j 的 Pearson 相关系数为：

$$P(v_i, v_j) = \frac{cov(v_i, v_j)}{\sqrt{var(v_i)var(v_j)}} \tag{3-6}$$

其中，cov 为协方差，var 为方差，相关系数取值为 $-1 \sim 1$。正值表示两个变量正相关，负值表示两个变量负相关。为了更好地反映测量结果，对测量结果取绝对值。值越接近 1，说明两个变量的相关性越强。通常情况下，相关系数在 $0.2 \sim 0.4$ 表示相关性较低，相关系数在 $0.7 \sim 0.9$ 表示相关性较高。本章选择 0.2 作为阈值来决定是否对数值特征进行特征构建。数值特征构建后，当相关系数大于 0.9 时，该特征将被消除。总之，特征构建是探索特征之间的关系、探寻新特征的好方法。然而，当数据的维数明显增加时，就会产生数据的高维特征问题和冗余特征。因此，有必要通过降低特征维数来降低建模复杂度，提高模型预测的精度。

3.2.4 特征选择

为了消除冗余或无关特征对模型预测的影响，本章采用特征选择方法对高维数据进行降维处理。通常，特征选择方法可以分为三类：过滤式、封装式和嵌入式方法（Bolón-Canedo 和 Alonso-Betanzos，2019）。对于过滤式方法，基于属性数据与标签信息进行特征打分进而完成特征选择，然而特征选择过程无分类模型评估，也未考虑特征组合的优势。对于封装式方法，由于考虑了分类器的特征组合和分类器性能，可以获得比过滤式方法更好的结果。同时，它耗费了大量的计算时间。而嵌入式方法是利用分类模型的内部信息，提升模型的预测性能。生成虚拟样本的主要目的是获得更好的预测结果。因此，本章采用基于 RF 的方法进行特征选择，根据特征重要性排序结果进行特征子集选择。通常情况下，特征构建完成后才进行特征选择。在数据属性稀缺问题中，构造特征可以挖掘数据中的潜在信息，增强模型的训练能力。然而，将虚拟变量编码和特征多项式作为特征算子来构造特征，会增加一些不相关或冗余的数据特征。为了减少冗余或不相关的特征对建模的影响，本章在特征构建结束后采用特征选择方法来去除冗余或不相关特征。

3.2.5　模型预测

如前所述，数据特征驱动的建模方法在信用风险分析中发挥着重要作用。而对于属性稀缺小样本，在将基于 ELM 的虚拟样本加入训练集后，使用八个分类器选择出预测性能最好的分类器，这些分类算法是信用风险分类中应用最广泛的机器学习方法。本章将分类算法分为单线性分类器、单非线性分类器和集成分类器。其中，单线性分类器包括线性核函数支持向量机和 LogR，单非线性分类器包括 ELM、kNN 和 DT，集成分类器包括 AdaBoost、Bagging 和 RF。

此外，将具有数据稀缺性的原始数据集划分为训练集和测试集两部分，基于训练集数据进行虚拟样本生成。为了测试基于不同虚拟样本数量的模型的性能。重复 20 次 VSG 的生成过程，形成虚拟样本池，从虚拟样本池中随机抽取用于后续实验的虚拟样本。通常，模型的性能会受到训练样本类别非均衡的影响，重采样技术可以提高分类性能。因此，将类别均衡的虚拟样本用于模型预测和特征工程。

3.3　实证分析

为了验证本章提出方法在稀缺性样本中的有效性，本章采用了两个真实信用数据集。通过生成不同的虚拟样本数量和采用不同的降维方法进行比较。

3.3.1　数据描述

本章使用 UCI 机器学习数据库（Dua 和 Graff，2019）中的两个公共信用数据集——澳大利亚和德国的信用数据集。数据具体信息如表 3-1 所示。

表 3-1　数据集描述　　　　　　　　　单位：个

数据集	特征数	样本数	好的信用样本数	坏的信用样本数
澳大利亚信用数据集	14	690	307	383
德国信用数据集	24	1000	700	300

其中，澳大利亚信用数据由 690 个样本组成，包括 307 个好的信用样本和 383 个坏的信用样本，数据集包括性别、贷款目的和住房情况等共 14 个特征属性和一个类别标签。德国信用数据集总共有 1000 个样本，包括 700 个好的信用样本和 300 个坏的信用样本。数据集包括性别、年龄、贷款目的等共 24 个特征属性和一个类别标签。数据集详细介绍可见 UCI 机器学习库。

3.3.2　评估准则与实验设计

为了选择合适的分类器进行信用风险分类，我们采用了 3.2.5 节中描述的 8 种分类算法。为了进行性能比较，使用了四个指标：Accuracy（简称 ACC）、Type I accuracy（简称 Type I）、Type II accuracy（简称 Type II）和 G-mean。下面列出了它们的定义。

$$\text{Accuracy} = \frac{\text{正确分类样本的数量}}{\text{测试样本数量}} \qquad (3-7)$$

$$\text{Type I accuracy} = \frac{\text{真实为坏信用被判定为坏信用样本的数量}}{\text{真实坏信用样本的数量}} \qquad (3-8)$$

$$\text{Type II accuracy} = \frac{\text{真实为好信用被判定为好信用样本的数量}}{\text{真实好信用样本的数量}} \qquad (3-9)$$

$$\text{G-mean} = \sqrt{\text{Type I accuracy} \times \text{Type II accuracy}} \qquad (3-10)$$

在这些指标中，ACC 可以表示为正确分类的样本数量占总测试样本数量的比率。Type I 是被判定为坏的信用的数量与真实坏的信用数量的比值。对金融机构来说，Type I 值越高越大，将越能减少可能的经济损失。Type II 是被判定为好的信用的数量与真实好的信用数量的比值。G-mean 为 Type I 与 Type II 几何均值，可以更好地反映模型的预测性能，G-mean 可以避免类别非均衡对模型精度的影响。

本章的实验都是通过一台搭载核心 i7–6700U 2.59 GHz 处理器和 8GB RAM 的笔记本电脑进行的。这些模型的参数设计如下：kNN 的参数 n 设为 5（García 等，2019），集成学习分类器中树的数量设为 100，AdaBoost 中的循环迭代次数设为 100。同时，所有数据在建模之前都进行标准化处理。在数据划分方面，将数据稀缺性的原始数据集随机分为两部分，随机选取 30 个样本作为训练集，剩下的样本作为测试集。该训练集是上述一个典型的小样本情况。在澳大利亚信用数据集中，将 ELM 准确率的阈值设置为 90%，在虚拟样本生成后将 SVM 预测准确率的阈值设置为 80%。经过测试后，将 ELM 模型隐含层神经元数量设置为 30。在德国信用数据集中，将 ELM 准确率的阈值设置为 80%，将 ELM 模型隐含层神经元数量设置为 25。为了验证所提模型在不同训练数据集中的鲁棒性，每次实验进行 10 次，最终结果为 10 次实验获得结果的平均值。

为了进一步检验不同的数据集和分类算法间是否具有统计学意义，采用显著性检验进行结果分析。一方面，采用配对 t 检验基于不同分类算法的 VSG 和特征工程是否显著；另一方面，采用基于秩的非参数检验 Friedman 对不同数据集的不同分类模型进行比较。当比较 N 个数据集中的 k 种算法时，r_i 表示 N 个数据集中第 i 种算法的平均排序。Friedman 检验（Demšar，2006）的统计量计算如下：

$$\chi_F^2 = \frac{12N}{k(k+1)}\left(\sum_{i=1}^{k} r_i^2 - \frac{k(k+1)^2}{4}\right) \qquad (3-11)$$

Friedman 统计量是服从自由度为 k-1 的 χ_F^2 分布。Iman 和 Davenport（1980）指出 Friedman 的 χ_F^2 过于保守，进而揭出更好的统计量：

$$F_F = \frac{(N-1)\chi_F^2}{N(k-1)-\chi_F^2} \qquad (3-12)$$

此统计量为服从自由度为 k-1 和 (k-1)(N-1) 的 F 分布。如果 F_F 比临界值大，拒绝零假设，即模型间没有显著差异。对于成对比较，Nemenyi 事后检验被用来评估个体模型之间的差异，它表明平均排名与至少一个临界值（Critical Difference，CD）的差异，计算 CD 值的公式如下：

$$CD = q_\alpha \sqrt{\frac{k(k+1)}{6N}} \qquad (3-13)$$

相应地，CD 值由 Nemenyi 检验图表示。

3.3.3　实验结果与分析

根据上述对数据集的描述，本节将从以下三个方面展开：澳大利亚信用数据集实验结果分析、德国信用数据集实验结果分析和统计性检验。

3.3.3.1　实验 1：澳大利亚信用数据集实验结果分析

基于前文的方法和实验设计，本节针对澳大利亚数据集进行实证分析。在接下来的实验结果中，每个指标的最佳结果都用粗体突出显示，在每个实验中，最好的结果都用粗体和下划线突出显示。针对原始小样本（Original Small Samples），基于 8 个基础模型的预测结果如表 3-2 所示。在后续的实验及相应的表格中，ELM 模型表示分类算法。由表 3-2 可知，SVM 与 LogR 能够获得相对较好的结果。

表3-2　基于原始小样本的不同模型性能对比（澳大利亚）

样本	Model	ACC	Type Ⅰ	Type Ⅱ	G-mean
原始小样本	SVM	0.8227	0.8770	0.7551	0.8138
	LogR	**0.8242**	0.9344	0.6871	0.8013
	ELM	0.4045	0.5765	0.1905	0.3314
	kNN	0.8136	0.9290	0.6701	0.7890
	DT	0.6167	**0.9809**	0.1633	0.4002
	AdaBoost	0.7197	0.6776	**0.7721**	0.7233
	Bagging	0.7606	0.9645	0.5068	0.6991
	RF	0.7758	0.9563	0.5510	0.7259

为了解决小样本问题，在原始数据集中加入50个、100个和300个类别均衡的虚拟样本（Virtual Samples，VS），测试虚拟样本对分类性能的影响。预测结果如表3-3所示。

表3-3　基于不同虚拟样本数量的性能对比（澳大利亚）

样本	Model	ACC	Type Ⅰ	Type Ⅱ	G-mean
50VS	SVM	**0.8336**	0.8014	**0.8738**	**0.8358**
	LogR	0.8173	0.8005	0.8381	0.8171
	ELM	0.5755	0.4049	0.7878	0.5109
	kNN	0.8159	0.8612	0.7595	0.8078
	DT	0.6898	0.6388	0.7534	0.6772
	AdaBoost	0.6870	0.8005	0.5456	0.6524
	Bagging	0.7744	**0.9366**	0.5724	0.7279
	RF	0.7715	0.9328	0.5707	0.7254
100VS	SVM	**0.8483**	0.7923	**0.9180**	**0.8528**
	LogR	0.7662	0.6514	0.9092	0.7640
	ELM	0.5226	0.4055	0.6684	0.4484
	kNN	0.7765	0.7716	0.7827	0.7755
	DT	0.6332	0.5956	0.6799	0.6239
	AdaBoost	0.6539	0.7831	0.4932	0.5999
	Bagging	0.7847	0.8842	0.6609	0.7618
	RF	0.7823	**0.8962**	0.6405	0.7564

续表

样本	Model	ACC	Type Ⅰ	Type Ⅱ	G-mean
300VS	SVM	**0.8448**	0.7798	**0.9259**	**0.8493**
	LogR	0.7095	0.5385	0.9224	0.6955
	ELM	0.5286	0.3148	0.7949	0.4774
	kNN	0.7336	0.7079	0.7656	0.7344
	DT	0.5680	0.6180	0.5058	0.5428
	AdaBoost	0.6612	**0.9109**	0.3503	0.5439
	Bagging	0.7473	0.9082	0.5469	0.7016
	RF	0.7639	0.8855	0.6126	0.7350

从表 3-3 中可以总结出三个发现：①从虚拟样本数量的角度来看，并不是越多的虚拟样本能够产生越好的性能。在本实验中，在 100 个虚拟样本的情况下，ACC 和 G-mean 的性能是最好的。②线性 SVM 分类器在 ACC、Type Ⅱ 和 G-mean 方面表现最好。主要原因有两个方面：一方面，分类标签与因变量之间存在一定的线性关系；另一方面，支持向量机具有善于小样本建模的优势。③对于 Type Ⅰ，集成分类器表现出最好的性能，特别是 Bagging、RF 和 AdaBoost 在 50 个、100 个和 300 个虚拟样本的情况下取得了最好的结果。这些结果证明了集成分类器的有效性和鲁棒性。

同样地，为了解决属性稀缺性问题，基于以上结果在使用 100 个虚拟样本时可获得较好的结果，接下来利用 100 个虚拟样本进行进一步实验。针对属性数据采用特征工程方法，通过特征构建（FC）、PCA 特征构建（FC-PCA）和 RF 特征选择方法（FC-RFFS）来解决属性稀缺问题。相应的性能比较结果如表 3-4 所示。

表 3-4　特征工程下的性能对比（100 个虚拟样本）

虚拟样本	Model	ACC	Type Ⅰ	Type Ⅱ	G-mean
FC	SVM	**0.8500**	0.8142	**0.8946**	**0.8527**
	LogR	0.7828	0.7541	0.8186	0.7855
	ELM	0.6020	0.6548	0.5363	0.5888

续表

虚拟样本	Model	ACC	Type Ⅰ	Type Ⅱ	G-mean
FC	kNN	0.7843	0.7614	0.8129	0.7867
	DT	0.5298	0.3898	0.7041	0.5143
	AdaBoost	0.6601	0.7814	0.5091	0.6205
	Bagging	0.7601	**0.9171**	0.5646	0.7196
	RF	0.7692	0.9089	0.5952	0.7353
FC-PCA	SVM	**0.7977**	**0.7117**	0.9048	**0.7916**
	LogR	0.6455	0.4324	**0.9107**	0.6014
	ELM	0.5080	0.3962	0.6471	0.4108
	kNN	0.6973	0.6325	0.7781	0.6977
	DT	0.4398	0.5417	0.3129	0.3111
	AdaBoost	0.5951	0.3839	0.8580	0.5380
	Bagging	0.5284	0.5020	0.5612	0.5007
	RF	0.4792	0.5219	0.4260	0.4698
FC-RFFS	SVM	**0.8540**	0.8124	**0.9059**	**0.8575**
	LogR	0.7929	0.7577	0.8367	0.7961
	ELM	0.6455	0.5719	0.7370	0.6477
	kNN	0.7808	0.7459	0.8243	0.7837
	DT	0.5960	0.5319	0.6757	0.5964
	AdaBoost	0.6485	0.7486	0.5238	0.6197
	Bagging	0.7798	**0.8725**	0.6644	0.7599
	RF	0.7879	0.8497	0.7109	0.7757

从表 3-4 可以得到四个结论：①特征构建能够有效地解决属性稀缺性问题，且提高了分类性能。与不含 FC 的 100 个虚拟样本的预测结果相比，50% 分类器的 G-mean 有所提高。②与 FC 相比，FC-PCA 方法在 4 个指标上减弱了分类性能，说明在增加虚拟样本的情况下，基于 PCA 的特征提取并不能改善特征构建后的性能。③与 FC 和 FC-PCA 相比，FC-RFFS 方法获得了较好的性能，说明 FC-RFFS 方法是提高分类性能的一种有效途径。④从分类器的角度来看，线性支持向量机模型无论在四个性能指标上还是在三种特征工程方法上都优于其他分类器。特别是在 FC-RFFS 条件下，SVM 分类器的 ACC 和 G-

mean 两个指标最好，说明了 SVM 方法具有较强的泛化能力。因此，上述研究结果证明了特征构建在处理数据属性稀缺问题方面的有效性。

为了比较分类性能，不同数据集下不同分类器的 Accuracy 和 G-mean 如图 3-3 所示。

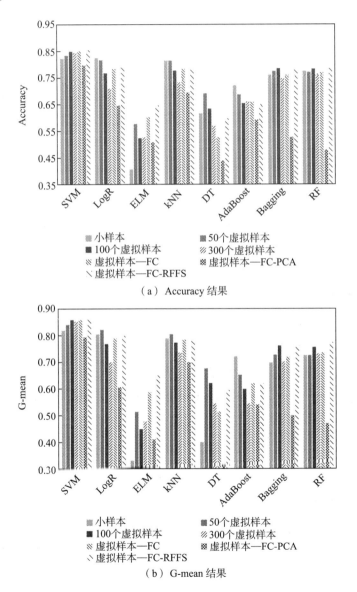

（a）Accuracy 结果

（b）G-mean 结果

图 3-3　不同分类器和特征工程方法下的性能对比（澳大利亚）

根据图 3-3 的结果，可以发现以下四个重要的结论：

（1）从 ACC 和 G-mean 的角度来看，单线性分类器得到的结果较好，单非线性分类器和集成分类器得到的结果相对较差，主要原因是生成的虚拟样本趋向于线性可分。同时，一些噪声数据影响了模型的训练。此外，SVM 的预测性能优于 LogR 分类器，主要原因是 SVM 是二次规划框架下的最优模型。在非线性分类器和集成分类器中，kNN 分类器的性能优于其他分类器，ELM 和 DT 分类器的性能相对较差，可能的原因是 ELM 分类器可能陷入过拟合。在信用风险分类中，通常使用 DT 作为弱分类器来构建集成分类器，所以基于 DT 的三种集成分类器的分类效果都优于 DT，说明集成模型要明显优于单模型的分类效果。

（2）从不同虚拟样本数量的角度来看，增加虚拟样本后很容易发现，50% 分类器的 G-mean 值得到了改善，说明添加虚拟样本可以有效改善模型泛化性能。同时，"越多越好" 的原则不适用于增加虚拟样本。因此，有必要利用特征工程等方法进一步提高性能。

（3）从特征工程的角度来看，本章提出的 FC-RFFS 方法提高了 50% 分类器的 G-mean 值，说明特征工程可以提高性能，有效解决数据属性稀缺问题。

（4）通过比较所有结果可以发现，本章提出的 ELMVSG-FE 模型可以有效地解决数据稀缺问题（包括数据实例的稀缺性和数据属性稀缺性），提升 ACC 和 G-mean。同时，这些结果可以帮助一些新兴金融机构减少可能的经济损失，因此，本章所提出的 ELMVSG-FE 模型在信用风险分类方面具有良好的实用性。

3.3.3.2 实验 2：德国信用数据集实验结果分析

根据 3.3.2 小节实验设计，德国信用数据集的实证结果如表 3-5 至表 3-7 和图 3-4 所示。

表 3-5　基于原始小样本的不同模型性能对比（德国）

样本	Model	ACC	Type I	Type II	G-mean
原始小样本	SVM	0.6773	0.2749	0.8498	0.4833
	LogR	0.6845	0.2646	0.8645	0.4783

续表

样本	Model	ACC	Type Ⅰ	Type Ⅱ	G-mean
	ELM	0.5763	0.4021	0.6510	0.5116
	kNN	0.6722	0.2337	0.8601	0.4483
原始小样本	DT	0.6742	0.2131	0.8719	0.4310
	AdaBoost	0.6289	0.4605	0.7010	0.5682
	Bagging	0.6784	0.2612	0.8571	0.4731
	RF	0.6897	0.2784	0.8660	0.4910

表 3-6　基于不同虚拟样本数量的性能对比（德国）

样本	Model	ACC	Type Ⅰ	Type Ⅱ	G-mean
	SVM	**0.6534**	0.4177	**0.7543**	0.5561
	LogR	0.6368	0.5038	0.6938	**0.5895**
	ELM	0.5842	0.4426	0.6449	0.5294
50VS	kNN	0.6003	0.5280	0.6313	0.5726
	DT	0.5634	**0.5299**	0.5778	0.5492
	AdaBoost	0.6022	0.4857	0.6521	0.5560
	Bagging	0.6369	0.5027	0.6944	0.5870
	RF	0.6358	0.4969	0.6954	0.5843
	SVM	**0.6601**	0.4275	**0.7598**	0.5675
	LogR	0.6505	0.4952	0.7171	0.5921
	ELM	0.5885	0.4471	0.6490	0.5347
100VS	kNN	0.5823	0.4653	0.6324	0.5377
	DT	0.5871	0.4320	0.6536	0.5271
	AdaBoost	0.6182	0.4141	0.7057	0.5356
	Bagging	0.6392	**0.5134**	0.6931	**0.5957**
	RF	0.6370	0.5065	0.6929	0.5905
	SVM	**0.6791**	0.4052	**0.7965**	0.5674
	LogR	0.6685	0.4574	0.7589	0.5886
	ELM	0.6249	0.3997	0.7215	0.5336
300VS	kNN	0.5739	0.4687	0.6190	0.5377
	DT	0.5935	0.4595	0.6510	0.5425
	AdaBoost	0.6282	0.4357	0.7108	0.5543
	Bagging	0.6374	0.5151	0.6898	0.5942
	RF	0.6399	**0.5234**	0.6898	**0.5998**

表 3-7　特征工程下的性能对比（300 个虚拟样本）

虚拟样本	Model	ACC	Type I	Type II	G-mean
FC	SVM	0.5814	0.5553	0.5926	0.5718
	LogR	0.5779	**0.5801**	0.5770	0.5783
	ELM	0.5608	0.5148	0.5806	0.5436
	kNN	0.5786	0.5216	0.6029	0.5606
	DT	0.5676	0.5402	0.5794	0.5584
	AdaBoost	0.6074	0.4687	**0.6669**	0.5579
	Bagging	0.6165	0.5443	0.6474	0.5930
	RF	**0.6235**	0.5498	0.6551	**0.5998**
FC-PCA	SVM	**0.6245**	0.5172	0.6705	0.5877
	LogR	0.6137	**0.5816**	0.6274	**0.6039**
	ELM	0.5722	0.5576	0.5784	0.5668
	kNN	0.5709	0.5172	0.5939	0.5533
	DT	0.5438	0.4639	0.5781	0.5079
	AdaBoost	0.6057	0.4132	**0.6881**	0.5311
	Bagging	0.6054	0.4338	0.6789	0.5393
	RF	0.5995	0.4021	0.6841	0.5177
FC-RFFS	SVM	0.6054	0.5162	0.6436	0.5732
	LogR	0.6066	0.5216	0.6430	0.5739
	ELM	0.5796	0.4412	0.6389	0.5238
	kNN	0.6025	0.5588	0.6212	0.5889
	DT	0.5623	0.5045	0.5870	0.5384
	AdaBoost	0.6082	0.4722	0.6666	0.5585
	Bagging	**0.6367**	0.5464	**0.6754**	0.6070
	RF	0.6297	**0.5622**	0.6586	**0.6079**

由表 3-5 至表 3-7 和图 3-4 可以总结出以下三个有趣的结果：

（1）从图 3-4 可以看出，本章提出的 ELMVSG-FE 模型在使用集成分类器（Bagging 和 RF）时，在 ACC 和 G-mean 指标上取得了较好的结果，RF 的预测性能优于 Bagging 分类器，主要原因是相对于 Bagging 分类器，RF 具有较好的随机子空间搜索能力。在单线性分类器和单非线性分类器中，kNN 分类

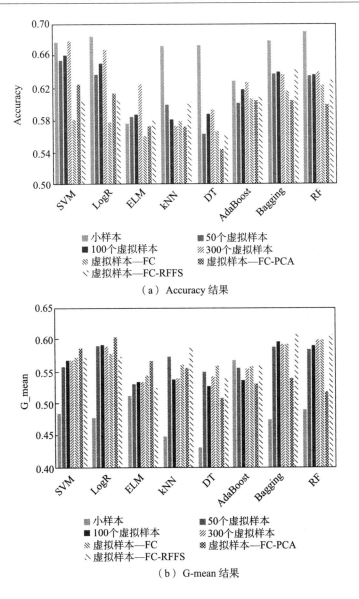

（a）Accuracy 结果

（b）G-mean 结果

图 3-4　不同模型和特征工程方法下的性能对比（德国）

器的性能优于其他分类器，这意味着 kNN 分类器更适合于特征选择及类别均衡的数据集。同时，单线性分类器的性能优于其他分类器，而 ELM 的性能相对较差，可能的原因是 ELM 分类器可能陷入过拟合。实际上，在信用风险分类中，DT 常被用作弱分类器来构建集成分类器。因此，基于 DT 的三种集成分类器的分类效果都优于 DT。

（2）从表 3-6 中不同虚拟样本数量的角度来看，单线性分类器和集成分类器在四个指标上都比单非线性分类器表现出更好的结果。特别是当增加 300 个虚拟样本时，G-mean 可以获得最好的性能，这说明 RF 分类器具有较强泛化能力。与表 3-5 相比，在训练集中加入虚拟样本可以大大提高模型的预测能力。然而，非线性分类器的结果并不总是随着虚拟样本数量的增加而得到改善的，可能的原因是这些分类器不能很好地处理虚拟样本产生的噪声数据。同时，很容易发现，50% 的分类器的 G-mean 值有所提高，说明虚拟样本添加可以提高分类性能。此外，使用虚拟样本的分类器获得的 Type Ⅰ 精度优于不使用虚拟样本的分类器，说明类别均衡的训练样本可以有效提高分类器的预测精度，进而获得较好的 Type Ⅰ 精度。

（3）从特征工程的角度来看，根据表 3-7 中四个指标，基于 FC-RFFS 虚拟样本的集成分类器性能最好。同时，与在训练集中增加 300 个虚拟样本的结果相比，特征工程提高了 50% 分类器的 G-mean 值，说明特征工程可以提高模型性能，解决低维性问题。然而，有些分类器的性能比没有特征工程的分类器差，可能的原因是线性分类器和弱分类器（如 ELM、DT）不能很好地处理特征工程产生的噪声数据。在特征工程的作用下，大多数分类算法的结果都可以通过增加 FC 的虚拟样本进行改进，这表明 FC 可以有效地增强属性信息。然而，基于 FC-PCA 的虚拟样本分类器的预测结果相对较差，而基于 LogR 分类器的预测结果较好，可能的原因有两个：一是生成虚拟样本不能有效地被 PCA 投影映射；二是德国信用数据集分类特征属性的数量相对较多，PCA 可能会改变数据的有效信息，造成信息丢失。此外，现有的研究显示，PCA 不能帮助提高模型的预测性能（Zhang 等，2019；Sankhwar 等，2020）。对于虚拟样本，生成的样本可能更适合进行特征选择，因为特征提取改变了数据的信息，而特征选择保留了数据的有效信息。采用 FC-RFFS 的虚拟样本表现最好，说明特征选择方法可以有效地选择虚拟样本的重要特征，减少冗余特征对模型预测性能的影响。

通过比较各模型的结果，本章提出的 ELMVSG-FE 模型可以有效解决数据稀缺问题，提高信用分类模型的 Type Ⅰ 精度和 G-mean。这些结果表明，将特征工程方法与基于 ELM 的 VSG 方法相结合是一种有效的数据稀缺信用风险分类方法。

根据以上两个实验的实证结果，可以总结出以下三个有意义的发现：

（1）本章提出的基于 ELM 的 VSG 方法可以提高信用风险分类性能，很好地解决信用风险分类中的数据实例稀缺问题（即小样本）。同时，对比增加 50个、100 个和 300 个虚拟样本后的预测结果，很容易发现"越多越好"的原则不适用于虚拟样本的增加。

（2）基于 ELM 的 VSG 技术与 FC-RFFS 方法相结合的性能优于 FC 方法和 FC-PCA 方法，能够很好地解决信用风险分类中的数据属性稀缺问题（即低维性）。这表明特征工程是解决数据属性稀缺问题的有效途径。此外，在特征构建之后，为了提高分类性能，在面对数据属性稀缺问题时，特征选择步骤是必要的。

（3）在三种分类模型性能对比中，本章提出的方法获得较好的结果，进而可以帮助金融机构减少可能的经济损失。

3.3.3.3　统计性检验

为了检验不同方法的统计显著性，本节对 G-mean 进行了两个水平的统计检验。为了测试 VSG 和特征工程方法在 8 个模型上的差异，先使用配对 t 检验。然后采用非参数 Friedman 检验和 Nemenyi 检验对不同分类器的统计显著性进行检验。两次试验的具体结果如表 3-8 和图 3-5 所示。从结果中可以看出，VS-FC-RFFS 优于 VS-FC-PCA、VS-FC、300VS 和 SS，但在 5% 水平下 VS-FC-RFFS、100VS 和 50VS 的差异不显著。这里有两个可能的原因：一是适当的样本量可以提高模型的预测性能；二是不同分类器的性能不稳定，如 DT。因此，一个合适的分类器有助于模型获得良好的结果。

表 3-8　不同分类器下 G-mean 值的配对 t 检验

样本	VS-FC-PCA	VS-FC	300VS	100VS	50VS	SS
VS-FC-RFFS	0.0023***	0.0484**	0.0066***	0.1122	0.4949	0.0061***
VS-FC-PCA		0.0015***	0.0102**	0.0041***	0.0095***	0.4017

样本	VS-FC-PCA	VS-FC	300VS	100VS	50VS	SS
VS-FC			0.0319**	0.6095	0.5758	0.009***
300VS				0.0695*	0.0332**	0.1136
100VS					0.1128	0.0155**
50VS						0.0052***

注：*表示10%的显著性水平，**表示5%的显著性水平，***表示1%的显著性水平。

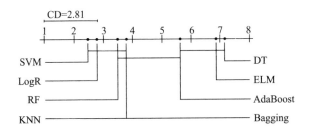

图3-5 在95%置信水平上对G-mean的Nemenyi检验

基于 VS-FC-RFFS、VS-FC-PCA、VS-FC、300VS、100VS、50VS 和 SS 生成的训练数据集，验证8种模型的差异性是否显著。根据式（3-11）和式（3-12）计算 Friedman 检验统计量，Friedman 检验统计量计算为15.45，拒绝所有算法性能相同的假设，因而进行 Nemenyi 后续检验。同样，根据式（3-13）计算 Nemenyi 检验的临界值，计算5%显著性水平下的 CD 分别为3.03。Nemenyi 检验如图3-5所示。在图3-5中，线上的点代表了模型在14个数据集中的平均排序。SVM 模型与 AdaBoost、ELM 和 DT 存在显著差异，SVM 的平均排序为2.5，具有较强的鲁棒性。因此，可选择 SVM 作为分类器。除此之外，LogR、kNN、Bagging 和 RF 表现较好，可在以后的实验中进一步观察。

3.3.3.4 进一步讨论

如3.2.1节所述，数据稀缺性包括实例（又称为样本）稀缺性和属性（又称为特征）稀缺性。实例稀缺通常被称为样本短缺或小样本问题，属性稀缺被称为特征稀缺或低维性问题。为了更好地研究稀缺程度，数据稀缺可以进一步划分。数据稀缺性主要包括三种主要形式：少属性少实例、少属性多实例和多属性少实例。前文的实证结果表明，本章提出的基于 ELM 的 VSG 方法结合特征工程可以很好地解决数据稀缺中少属性少实例情况下的信用风险分类问题。

为了更好地验证本章所提方法在解决数据稀缺性问题方面的有效性，利用德国信用数据集进一步分析了三种主要的数据稀缺性形式，即少属性少实例、少属性多实例、多属性少实例。没有选择澳大利亚信用数据集的主要原因有两个方面：一方面是德国信用数据集比澳大利亚信用数据集的属性更多，多属性少实例、少属性多实例、少属性少实例更容易实现实验设计；另一方面是澳大利亚数据集上的属性数量只有 14 个特征，具有数据属性稀缺性，因此，在实验 1 中直接对模型进行了测试，结果也证明了虚拟样本生成和特征工程的重要作用。接下来，仅讨论德国数据集，假设 5 个属性为属性较少的情况，从德国信用数据集中进行随机选择，原数据集的 24 个属性被称为多属性情况，30 个样本和 300 个样本分别被认为少实例和多实例情况。在这些假设中，少属性少实例的情况由 30 个实例和 5 个属性组成，少属性多实例的情况由 300 个实例和 5 个属性组成，多属性少实例的情况由 30 个实例和 24 个属性组成。同时，与 3.3.2 节的实验设计相同，在三种不同的形式下进行了相同的实验，结果如表 3-9 至表 3-11 所示。

表 3-9 少属性多实例的性能对比

样本	Model	ACC	Type Ⅰ	Type Ⅱ	G-mean
无特征工程	SVM	0.6239	0.7071	0.4179	0.5435
	LogR	0.6062	0.6836	0.4143	0.5296
	ELM	0.5561	0.5644	**0.5355**	**0.5489**
	kNN	0.5932	0.6478	0.4581	0.5438
	DT	0.6256	0.7080	0.4215	0.5440
	AdaBoost	0.5973	0.6527	0.4602	0.5471
	Bagging	**0.6429**	0.7360	0.4122	0.5505
	RF	0.6400	**0.7404**	0.3914	0.5380

续表

样本	Model	ACC	Type Ⅰ	Type Ⅱ	G-mean
特征工程	SVM	**0. 6351**	0. 3711	<u>0. 7482</u>	0. 5269
	LogR	0. 5682	**0. 6591**	0. 5293	<u>0. 5851</u>
	ELM	0. 6128	0. 4825	0. 6686	0. 5665
	kNN	0. 5148	0. 5938	0. 4810	0. 5335
	DT	0. 5423	0. 4089	0. 5994	0. 4898
	AdaBoost	0. 5641	0. 5684	0. 5623	0. 5587
	Bagging	0. 5792	0. 4667	0. 6274	0. 5397
	RF	0. 5794	0. 4804	0. 6218	0. 5450

表 3-10 多属性少实例的性能对比

样本	Model	ACC	Type Ⅰ	Type Ⅱ	G-mean
无数据增强	SVM	0. 6773	0. 2749	0. 8498	0. 4833
	LogR	0. 6845	0. 2646	0. 8645	0. 4783
	ELM	0. 5763	0. 4021	0. 6510	0. 5116
	kNN	0. 6722	0. 2337	0. 8601	0. 4483
	DT	0. 6742	0. 2131	<u>0. 8719</u>	0. 4310
	AdaBoost	0. 6289	**0. 4605**	0. 7010	**0. 5682**
	Bagging	0. 6784	0. 2612	0. 8571	0. 4731
	RF	<u>0. 6897</u>	0. 2784	0. 8660	0. 4910
数据增强	SVM	**0. 6791**	0. 4052	**0. 7965**	0. 5674
	LogR	0. 6685	0. 4574	0. 7589	0. 5886
	ELM	0. 6249	0. 3997	0. 7215	0. 5336
	kNN	0. 5739	0. 4687	0. 6190	0. 5377
	DT	0. 5935	0. 4595	0. 6510	0. 5425
	AdaBoost	0. 6282	0. 4357	0. 7108	0. 5543
	Bagging	0. 6374	0. 5151	0. 6898	0. 5942
	RF	0. 6399	**0. 5234**	0. 6898	<u>0. 5998</u>

表 3-11 少属性少实例的性能对比

样本	Model	ACC	Type Ⅰ	Type Ⅱ	G-mean
无数据增强 和特征工程	SVM	0.6608	0.7931	0.3333	0.5142
	LogR	**0.6876**	**0.8900**	0.1864	0.4073
	ELM	0.5021	0.4682	**0.5860**	0.5234
	kNN	0.6351	0.7294	0.4014	0.5411
	DT	0.6268	0.6975	0.4516	**0.5613**
	AdaBoost	0.6660	0.8177	0.2903	0.4872
	Bagging	0.6701	0.8082	0.3280	0.5141
	RF	0.6871	0.8357	0.3190	0.5162
数据增强 和特征工程	SVM	**0.6351**	0.3711	**0.7482**	0.5269
	LogR	0.5680	**0.6467**	0.5343	**0.5817**
	ELM	0.5930	0.4399	0.6586	0.5349
	kNN	0.5122	0.5828	0.4819	0.5289
	DT	0.5369	0.4371	0.5797	0.4996
	AdaBoost	0.5641	0.5684	0.5623	0.5587
	Bagging	0.5625	0.4667	0.6035	0.5288
	RF	0.5670	0.4880	0.6009	0.5413

具体总结如下：

（1）如表 3-9 所示，在特征工程的作用下，50% 的分类器的 G-mean 值得到了提高，说明在少属性多实例的情况下，特征工程可以提高分类器预测性能。相较于其他分类器，LogR 可以获得最好的 G-mean，主要原因可能是数据集趋向于线性可分。此外，与没有特征工程的分类器相比，有特征工程的分类器可以获得更好的 Type Ⅱ 精度和 G-mean，说明特征工程可以更好地构建新特征和选择最优特征子集，Type Ⅰ 精度和 Type Ⅱ 精度可以通过特征工程更好地平衡。因此，特征工程可以解决属性稀缺性问题（即低维性问题）。

（2）从表 3-10 中可以看出，50% 的分类器的 G-mean 得到了提高，说明在属性多实例少的情况下，数据增强可以显著提高预测性能。特别是 RF 能获得更好的 G-mean，主要原因是随着训练样本数量的增加，RF 能表现出更好的集成学习能力。与没有数据增强的分类器相比，使用数据增强的分类器可以获得更好的 Type Ⅰ精度和 G-mean，表明数据增强可以有效地提高模型训练。因此，数据增强可以很好地解决实例稀缺的问题（即小样本问题）。

（3）根据表 3-11 的结果可发现，50% 的分类器的 G-mean 得到了提高，说明数据增强和特征工程在少属性少实例的情况下可以显著提高预测性能。在这种情况下，数据增强和特征工程可以更好地平衡 Type Ⅰ精度和 Type Ⅱ型精度，从而引起 ACC 的变化。与其他分类器相比，LogR 能够获得最好的 G-mean，主要原因是数据集趋向于线性可分。因此，数据增强和特征工程在解决少属性少实例的数据稀缺问题中发挥了重要作用。

综上所述，数据增强技术和特征工程可以解决信用风险分类中的数据匮乏或数据稀缺问题，从而获得更高的 G-mean。同时，不同类型的分类器在上述三种不同稀缺性数据中取得不同的结果，主要原因是分类器往往受到数据集中隐藏的不同数据特征的影响。这意味着应该根据不同的数据特征仔细选择分类器。对于不同的数据稀缺形式，受小样本和低维性的影响，G-mean 的变化程度也不同。在本章中，在数据稀缺性问题上，数据增强的预测性能优于特征工程。这说明小样本问题对分类性能的影响大于属性稀缺（低维性）问题。因此，如果想获得更好的分类结果，数据增强和特征工程应该是解决数据稀缺问题的有效途径。

3.4　本章小结

本章针对属性稀缺小样本的信用风险分类问题，提出了一种集成基于 ELM 的 VSG 方法与特征工程技术的模型。该模型利用 ELM 生成虚拟样本来解决数据实例稀缺问题，利用特征构建和特征选择等特征工程方法来解决信用数据的低维性问题。实验结果证明，本章提出的基于 ELMVSG-FE 模型与单线性分类算法结合可以获得最优的性能，本章提出的 ELMVSG-FE 模型在解决属性稀缺小样本数据的信用风险分类问题方面具有很好的应用前景。

　　本章解决了信用数据集中小样本和低维性问题。此外，当面对属性数量适中的小样本时，如何进行信用风险分类，将是另一个全新的问题。我们将在下一章进行研究。

第4章 基于混合属性小样本的 信用风险分类研究

相较于低维性小样本数据，维数适中小样本数据信息的丰富性有所提高，但不同属性的数据具有不同的分布特征。为了针对数值属性数据和类别属性数据建立相应的分布函数拟合真实数据形态，解决混合属性小样本的信用风险分类问题，本章提出混合整体趋势扩散技术与 Bootstrap 方法对小样本数据进行实例增强。4.1 节介绍问题背景；4.2 节描述模型构建；4.3 节进行实证分析；4.4 节总结本章的内容。

4.1 问题背景

随着互联网金融的发展，相对于传统的银行，金融科技公司逐渐兴起。这些新兴金融机构在成立初期或开展新业务时，仅具有少量有标签的样本，即小样本数据集。通常，很难利用这些样本构建一个有效的信用风险预测模型，导致金融机构有可能遭受因申请人违约而造成的经济损失。因此，如何有效利用小样本数据信息成为互联网贷款信用风险分类中一个非常重要的问题。

在互联网信用风险分类领域，对小样本数据集的研究较少。本章聚焦基于数据分布技术的虚拟样本生成方法。

在虚拟样本生成方法领域，有关基于分布的虚拟样本生成技术的研究较多，如 Tsai 等（2008）利用 Bootstrap 方法生成虚拟样本来填充稀疏数据的信息缺口，可以显著降低预测错误率。Li 等（2007）提出的整体趋势扩散技术（Mega-Trend-Diffusion，MTD）在面对小样本分类问题时效果最好。

上述模型大多从数值属性的角度分析小数据集。然而，对于互联网贷款信贷数据集，数据的属性由数值属性和类别属性构成。数值属性数据通常包括收入和年龄等指标，类别属性数据包括性别和学历等指标，因此，数值属性数据与类别属性数据具有不同的分布特征，进而影响着模型预测结果。类别属性数据和数值属性数据在研究中有明显的区分，如在处理具有缺失性的混合属性数据集时，类别属性与数值属性是明显不同的（Zhu 等，2011；Dinh 等，2021）。对于异常值检测任务，混合属性数据对预测性能具有显著影响（Otey 等，2006）。事实上，智能优化算法可以显著提高混合属性数据的分类性能（Jabeen 和 Baig，2012；Nouaouria 和 Boukadoum，2014）。除此之外，在聚类任务中混合属性数据对模型性能的影响较为明显（Ji 等，2013）。对于信用风险分类中的混合属性数据问题，聚类算法是一种有效的解决途径（Caruso 等，2021）。然而，以往文献中的方法还未从混合属性数据的角度生成虚拟样本。因此，本章采用分布的虚拟样本生成技术解决混合属性小样本的信用风险分类问题。

总体来说，本章提出一种基于粒子群算法的混合虚拟样本生成方法（PSO-HVSG）生成有效的虚拟样本，来解决混合属性数据（即数值属性和类别属性）的互联网贷款的信用风险分类问题。在基于 PSO 算法的 HVSG 方法中，主要包括三个步骤：首先，利用 Bootstrap 和多分布整体趋势扩散技术进行虚拟样本生成；其次，采用 k-Nearest Neighbor（kNN）方法确定生成的虚拟样本的类别标签；最后，引入 PSO 算法从虚拟样本空间中选择最优的虚拟样本，采用 SVM 进行信用风险评价与分析。

4.2 模型构建

本节根据互联网贷款信贷数据集的特点，提出了一种 Bootstrap 与多分布整体趋势扩散技术（Multi-Distribution Mega Trend Diffusion，MD-MTD）（Zhu 等，2016）相结合的混合虚拟样本生成方法。混合方法的主要目的是利用小样本信息生成虚拟样本。具体来说，该方法是将原始数据集的属性划分为类别属性和数值属性。对于类别属性，其虚拟样本由 Bootstrap 方法生成（Kück 和 Freitag，2021），而数值属性的虚拟样本则由 MD-MTD 方法生成。采用 kNN 算法确定虚拟样本的标签，利用粒子群算法从虚拟样本集中选择最优虚拟样本。本章的研究框架如图 4-1 所示。

本章提出的模型由虚拟样本生成、样本筛选、模型构建三个阶段构成。第一阶段，针对类别属性数据利用 Bootstrap 方法进行样本生成，对于数值属性数据采用 MD-MTD 技术进行样本生成。第二阶段，利用 kNN 与 PSO 算法分别完成标签的生成与样本筛选。第三阶段，利用支持向量机（SVM）进行模型训练，完成最终的分类预测。下面对第一阶段的两种虚拟样本生成技术与第二阶段的粒子群优化算法进行介绍。

4.2.1 虚拟样本生成

如前所述，通过 Bootstrap 和 MD-MTD 方法分别生成类别属性和数值属性的虚拟样本。作为一种经典的非参数统计方法，Bootstrap 经常被用来估计样本的统计方差进行区间估计，同时它也是一种经典的有放回抽样技术（Jiang 等，2021）。对于 MD-MTD 技术，给定小样本数据集 X，X 的可接受边界可通过隶属度函数进行估计，其描述如下：

$$LB = \begin{cases} CL\text{-}Skew_L \times \sqrt{-2 \times \hat{S}_x^2 \times \ln(10^{-20})}, & LB \leq \min \\ \min, & LB > \min \end{cases} \quad (4-1)$$

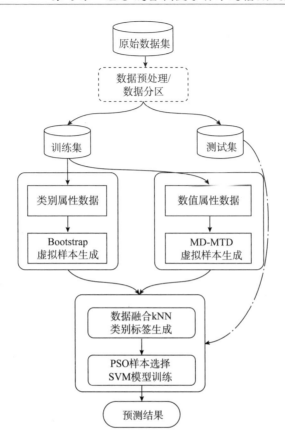

图 4-1　本章的研究框架

$$UB = \begin{cases} CL + Skew_U \times \sqrt{-2 \times \hat{S}_x^2 \times \ln(10^{-20})}, & UB \geqslant min \\ max, & LB < min \end{cases} \qquad (4-2)$$

其中，min 表示值的最小值，max 表示值的最大值，UB 和 LB 表示可接受区域的上界和下界，CL 表示某个属性值的中心，$\hat{S}_x^2$ 表示一个小样本集的方差。用左、右偏度 $Skew_L$ 和 $Skew_U$ 来度量左右中心点数值分布的不对称性。对于 CL 和左右偏度，其定义如下：

$$CL = \begin{cases} x_{[(n+1)/2]} & \text{if } n \text{ is odd} \\ \dfrac{1}{2}(x_{[(n+1)/2]} + x_{[(n+1)/2]}) & \text{if } n \text{ is even} \end{cases} \qquad (4-3)$$

$$Skew_L = \frac{N_L}{N_L+N_U+m} \tag{4-4}$$

$$Skew_U = \frac{N_U}{N_L+N_U+m} \tag{4-5}$$

其中，$x_{[\,\cdot\,]}$为序列统计量，m 为微调偏度的未知形状参数，本章将其设置为 1。当 $N_L(N_U)$ 为小于（大于）CL 值的个数时，虚拟样本可能由三角分布产生，其中，s 是一个随机数。假设小样本属性 X 的区域为[min，max]，则上扩散区域为[LB，min]，下扩散区域为[max，UB]。对于数值属性的扩展区域，采用均匀分布生成虚拟样本，对于已知观测区域，采用三角形分布生成虚拟样本。

4.2.2　粒子群算法

随着人工智能技术的发展，智能算法被应用于许多领域（Vieira 等，2013；Kozodoi 等，2019）。由于粒子群算法（PSO）在群智能算法中具有参数设置少、优化能力强等优异性能，因此，本章采用粒子群算法选择对模型预测性能有效的虚拟样本。众所周知，粒子群算法是由 Kennedy 和 Eberhart（1995）根据模拟鸟群觅食行为而开发的算法。在粒子群算法中，主要包括四个步骤：第一步，随机生成初始种群作为初始解，称为粒子；第二步，对于每个粒子，可以评估适应度函数并搜索个体和群体的最优解；第三步，更新粒子的速度和位置；第四步，循环第二步和第三步，直到满足准则条件停止，停止准则通常是迭代的最大次数。其中，第三步的速度和位置更新公式为：

$$v_i^{k+1} = wv_i^k + c_1 \times r_1 \times (pbest_i^k - x_i^k) + c_2 \times r_2 \times (gbest_i^k - x_i^k) \tag{4-6}$$

$$x_i^{k+1} = x_i^k + v_i^{k+1} \tag{4-7}$$

其中，迭代权重 w 被用来平衡局部和全局的搜索能力，w 的计算公式如下：

$$w = w_{max} - \frac{w_{max}-w_{min}}{T} \times t \tag{4-8}$$

其中，T 表示最大迭代次数，$w_{max}=0.9$，$w_{min}=0.4$，$T=100$，$c_1=c_2=2$，

初始种群设置为 50，初始解设置为 0 和 1，0 表示样本未被选择，1 表示样本被选择，适应度函数为准确率。

4.3 实证分析

4.3.1 数据描述

本章实验采用互联网贷款信贷数据集，数据集来源于 Lending Club 网站（https：//www. lendingclub. com/info/download–data. action）。数据集由 2007～2011 年的信用申请数据构成。其中，数据集包含 42538 个样本，每个样本包含 144 个特征属性。为了构建满足可用的数据集，将原始数据集基于 Python 3.7 进行处理。首先，对于缺失值，删除缺失数据超过 20% 的属性和含有缺失值的实例（样本）。其次，对于不能处理的属性，如多文本描述与单个数值的属性数据，则进行删除。再次，对类别特征执行数字编码，将 term 属性处理为月份值。Loan_status 为贷款状态表示类别标签，0 表示好的信用，1 表示坏的信用。最后，数据集包含 37953 个样本、19 个特征和 1 个类别标签。其中，二分类样本包含好的信用（32648 个样本）和坏的信用（5305 个样本）。数据集中对属性变量的描述可见 Lending Club 网站，此数据集经过数据预处理后具有混合属性小样本条件，相关数据的统计信息如表 4-1 所示。

表 4-1 数据统计性描述

描述	Observations	Mean	Std.	min	25%	50%	75%	max
loan_ amnt	37953	11337.0	7486.8	500.0	5600.0	10000.0	15000.0	35000.0
term	37953	42.5860	10.7094	36.0000	36.0000	36.0000	60.0000	60.0000
int_ rate	37953	12.0805	3.7371	5.4200	9.3200	11.8600	14.6500	24.5900
installment	37953	327.3	209.2	16.1	168.7	283.3	435.1	1305.2
emp_ length	37953	4.9976	3.5582	0.0000	2.0000	4.0000	9.0000	10.0000

续表

描述	Observations	Mean	Std.	min	25%	50%	75%	max
home_ownership	37953	1.6305	0.6280	1.0000	1.0000	2.0000	2.0000	4.0000
annual_inc	37953	69653.0	63581.0	40000	41900.0	60000.0	83500.0	6000000.0
verification_status	37953	2.1573	0.8057	1.0000	1.0000	2.0000	3.0000	3.0000
purpose	37953	3.1384	3.0927	1.0000	1.0000	2.0000	4.0000	14.0000
dti	37953	13.3786	6.6561	0.0000	8.2700	13.4700	18.6300	29.9900
delinq_2yrs	37953	0.1460	0.4910	0.0000	0.0000	0.0000	0.0000	11.0000
inq_last_6mths	37953	0.8673	1.0668	0.0000	0.0000	1.0000	1.0000	8.0000
open_acc	37953	9.3222	4.3745	2.0000	6.0000	9.0000	12.0000	44.0000
pub_rec	37953	0.0539	0.2354	0.0000	0.0000	0.0000	0.0000	4.0000
revol_bal	37953	13482.5	15882.0	0.0000	3789.0	8982.0	17183.0	149588.0
revol_util	37953	49.1560	28.2799	0.0000	25.8000	49.7000	72.6000	99.9000
total_acc	37953	22.1927	11.3839	2.0000	14.0000	21.0000	29.0000	90.0000
pub_rec_bankruptcies	37953	0.0416	0.2007	0.0000	0.0000	0.0000	0.0000	2.0000
debt_settlement_flag	37953	1.0037	0.0604	1.0000	1.0000	1.0000	1.0000	2.0000
loan_status	37953	0.1398	0.3468	0.0000	0.0000	0.0000	0.0000	1.0000

4.3.2 评估准则与实验设计

为了满足小样本数据集的要求，本章随机选取 30 个样本作为小样本数据，随机选取 20 个样本作为测试数据，该训练集呈现混合属性小样本数据特征。为了避免类别非均衡数据集对模型预测性能的影响，在训练集和测试集中样本的类别标签是均衡的。为了与所提出的方法进行精度比较，引入了支持向量机（SVM）模型、Bootstrap、HVSG（不带 PSO，又称 Non-PSO）作为基准模型。为了验证模型的稳健性，每个实验重复 20 次，最终的结果为这 20 次实验的平均值。此外，对于粒子群算法的适应度函数，本章采用模型准确率作为适应度函数。由于支持向量机在信用风险分类方面的出色表现，且前文已经验证了支持向量机的性能表现，故将支持向量机作为预测模型。

同时，本章采用了四个指标来对分类结果进行评价。其中，准确率（Accuracy）可以表示为正确分类的样本占总样本的比例；而 AUC 常作为一种更全面的分类指标（Fawcett，2006），因此本章也可以直接采用。此外，Ⅰ类误差（Type Ⅰ error）是数据集中好的信用被判定为坏的信用的数量与真实好的信用数量的比值。而 Ⅱ 类误差（Type Ⅱ error）是数据集中坏的信用被判定为好的信用的数量与真实坏的信用数量的比值。实际模型中更希望获得较小的 Ⅱ 类误差，进而减少可能的经济损失。具体公式如下：

$$\text{Type Ⅰ error} = \frac{真实为好信用被判定为坏信用样本的数量}{真实好信用样本的数量} \tag{4-9}$$

$$\text{Type Ⅱ error} = \frac{真实为坏信用被判定为好信用样本的数量}{真实坏信用样本的数量} \tag{4-10}$$

4.3.3 实验结果与分析

根据上述实验设计，在 Lending Club 数据集中进行实证分析。为了验证不同虚拟样本数量对模型预测性能的影响，分别添加 50 个、100 个、200 个、400 个虚拟样本后的性能对比如图 4-2 和表 4-2 所示。

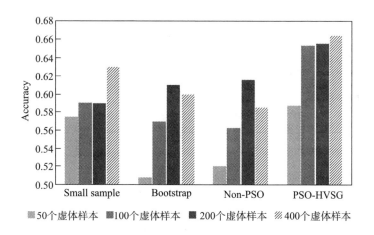

图 4-2 增加不同数量虚拟样本的准确率对比

表 4-2 增加不同数量虚拟样本的性能对比

虚拟样本数量	Model	Accuracy	AUC	Type Ⅰ error	Type Ⅱ error
50	Small sample	0.5750	0.5870	0.3300	0.5200
	Bootstrap	0.5075	0.5405	0.6450	0.3350
	Non-PSO	0.5200	0.5500	0.6150	0.3450
	PSO-HVSG	0.5875	0.5975	0.4300	0.3950

续表

虚拟样本数量	Model	Accuracy	AUC	Type I error	Type II error
100	Small sample	0.5900	0.6513	0.3867	0.4600
	Bootstrap	0.5700	0.6407	0.5200	0.3467
	Non-PSO	0.5633	0.6340	0.5067	0.3667
	PSO-HVSG	0.6533	0.6613	0.4000	0.3133
200	Small sample	0.5900	0.6220	0.3300	0.4900
	Bootstrap	0.6100	0.6370	0.4600	0.3300
	Non-PSO	0.6150	0.6450	0.3900	0.3600
	PSO-HVSG	0.6550	0.6550	0.3600	0.3600
400	Small sample	0.6300	0.6570	0.3400	0.4000
	Bootstrap	0.6000	0.6200	0.4800	0.3200
	Non-PSO	0.5850	0.6000	0.4900	0.3400
	PSO-HVSG	0.6650	0.6810	0.3100	0.3600

（1）随着虚拟样本数量的增加，本章提出的 PSO-HVSG 方法获得的准确率和 AUC 最好，I 类误差最小。然而，II 类误差没有表现出类似的趋势，当添加 100 个虚拟样本构建模型时，II 类误差最小。可能的原因是噪声样本影响模型对坏的信贷客户的识别。

（2）当虚拟样本数为 50 个时，PSO-HVSG 方法在准确率和 AUC 上均优于其他方法。原始小数据支持向量机的性能优于 Bootstrap 和 HVSG 方法，导致这一结果的主要原因是生成的数据中可能存在噪声。

（3）当虚拟样本数量为 200 个时，基于 Bootstrap 和 HVSG 的方法比基于原始小数据的 SVM 方法性能更好。添加 100 个和 200 个虚拟样本后，该方法的准确率分别提高了 10.72% 和 11.02%。因此，训练集的样本大小对模型的准确性有明显的影响。但随着虚拟样本的增加，改进程度逐渐降低。例如，添加 400 个虚拟样本后，准确率仅提高了 5.56%。

（4）当虚拟样本数为 100 个时，模型的 II 类误差最小。通常，一个小的 II 类误差可以帮助许多公司拒绝坏的信用客户，减少可能的经济损失。通过比较 Bootstrap 和 HVSG 方法，粒子群算法可以有效地选择虚拟样本提高模型的训练效率。

为了进一步分析不同小样本数量对模型结果的影响，利用 10 个、20 个、30 个小样本生成的 100 个虚拟样本后的预测结果如表 4-3 所示，Raw data 表示采用原始真实数据的实验结果。

表 4-3　增加 100 个虚拟样本后不同小样本数量的性能对比

小样本数量	Model	Accuracy	AUC	Type Ⅰ error	Type Ⅱ error
10	Small sample	0.5143	0.5629	0.4571	0.4857
	Bootstrap	0.5357	0.5643	0.4714	0.4571
	Non-PSO	0.5000	0.5200	0.5000	0.5000
	Raw data	0.5286	0.5457	0.3714	0.5714
	PSO-HVSG	0.5214	0.5357	0.4429	0.5000
20	Small sample	0.5200	0.5590	0.4300	0.5300
	Bootstrap	0.5400	0.5270	0.4800	0.4400
	Non-PSO	0.5250	0.5750	0.5300	0.4200
	Raw data	0.5450	0.5550	0.3700	0.5400
	PSO-HVSG	0.5750	0.6280	0.4000	0.4500
30	Small sample	0.5900	0.6513	0.3867	0.4600
	Bootstrap	0.5700	0.6407	0.5200	0.3467
	Non-PSO	0.5633	0.6340	0.5067	0.3667
	Raw data	0.5633	0.6327	0.3533	0.5200
	PSO-HVSG	0.6533	0.6613	0.4000	0.3133

从表 4-3 可以看出，当小样本数据数量为 10 时，对于准确率和 AUC，本章提出的 PSO-HVSG 方法优于小样本数据和 HVSG 基准方法。其中，Bootstrap 方法得到了最好的性能。随着样本量的增加，本章提出的 PSO-HVSG 方法的准确性和 AUC 均优于其他四种方法，这表明该方法具有更好的实用性。对于 Ⅱ类误差，所有模型的 Ⅱ类误差均随着样本数量的增加而逐渐减少，在 30 个小样本数据时的预测性能是最好的，说明训练数据越多，越能提高模型的预测性能。通常，小数据不能描述更好的信息，更全面的数据信息不能被后期的分类模型捕获。从实证结果来看，本章提出的方法可以适用于互联网金融机构的

小样本数据集，将给金融机构减少可能的经济的损失，控制违约现象的发生。因此，本章提出的 PSO-VHSG 方法生成的小样本数据集可以用于互联网金融机构信用风险分类。

4.4　本章小结

本章针对网络贷款信用风险分类中样本不足且具有混合属性的问题，提出了一种基于 PSO 的混合 VSG 方法（PSO-HVSG），将 Bootstrap 和 MD–MTD 相结合，生成虚拟样本解决混合属性小样本问题。在该方法中，首先通过 Boot-strap 和 MD–MTD 方法生成虚拟样本，其次通过 kNN 方法生成类别标签，最后利用粒子群算法选择最优虚拟样本进行信用风险分类。实验结果证明，本章所提出的 PSO-HVSG 方法优于其他基准模型。这表明该方法是解决互联网金融机构中混合属性小样本信用风险分类问题的有效工具。

然而，小样本信用数据集在大数据时代产生大量属性，即高维性。如何解决高维性小样本信用风险分类问题，将是一个具有挑战性的问题，我们将在下一章展开研究。

第5章 基于高维性小样本的信用风险分类研究

数据稀缺性存在一种少实例多属性的状态，即高维性小样本。在高维小样本中，过多的属性可能含有冗余或者不相关的特征，从而影响模型的精度，同时过少的实例易出现模型过拟合的现象。为解决此类问题，本章提出一种融合数据增强与特征选择的模型。5.1 节介绍研究问题背景；5.2 节描述本章所提出的模型构建；5.3 节验证所提出的模型并分析实验结果；5.4 节总结本章的内容。

5.1　问题背景

如第 3 章所述，数据稀缺性通常包括数据实例（样本）稀缺性和数据属性（特征）稀缺性。特别地，数据实例稀缺性又称小样本，数据属性稀缺性可以表示为低维性。反之，如果数据实例稀缺且属性较多，则称为高维性小样本。在实际应用中，高维性小样本数据常出现在发达地区开展新业务时期，金融机构可通过大数据技术等获得大量属性数据，形成实例稀缺与高维性共存的数据集。在现有的研究中，已有各种不同方法分别用于解决小样本问题和高维性问题。

对于小样本问题，为了提高模型在测试集中的泛化性能，扩增训练样本容量是最为常见的技术，在这些数据增强方法中，虚拟样本生成技术是解决小样本问题最常用的技术。通常，虚拟样本生成（VSG）可以利用小样本信息生成数据，通过在训练集中增加虚拟样本，解决过拟合问题。前几章对虚拟样本生成技术已做了相关描述，基于分布的虚拟样本生成技术主要适用于第四章所讲的样本维数适中的数据集，而维数较高的数据集易含有冗余属性信息，若采用基于分布的统计方法会增加噪声数据与计算复杂度。随着人工智能技术的发展，机器学习方法可以解决此类问题。

基于人工智能和机器学习的 VSG 方法已被广泛研究。例如，运用基于遗传算法的智能算法生成最可行的虚拟样本，并获得最佳结果。在深度学习方法方面，基于深度学习技术的虚拟样本生成方法已得到广泛的应用。例如，利用生成对抗网络（GAN）生成合成样本，提高了信用卡欺诈检测中的分类有效性，可以有效解决类别非均衡的问题。同样，Zhang 等（2021）利用基于 Wasserstein GAN（WGAN）的小样本增强方法解决了故障线路诊断问题，获得了较高的准确率。

金融机构可以获取更多的信用申请人数据属性信息，构建高维数据集。然而，数据集中的冗余特征和不相关特征会降低分类器的预测精度。因此，常用特征选择方法来降低计算复杂度以提高模型精度。通常，特征选择方法可以分为三类，即过滤式、封装式和嵌入式方法（Maldonado 和 Weber，2009）。对于过滤式方法，常用的方法有 Fisher score（Fisher）（Guyon 和 Elisseeff，2003）、信息增益（Info-Gain）、最大相关和最小冗余（minimum Redundancy Maximum Relevance，mRMR）（Ding 和 Peng，2005）等。过滤式方法在无分类器条件下，利用统计和信息论模型计算特征的相对重要性，且忽略了特征组合对预测性能的影响。对于封装式方法，经常使用遗传算法（Genetic Algorithm，GA）和递归特征消除（Albashish 等，2021），由于其考虑特征组合和分类器性能，因而可以获得比过滤式方法更好的结果。而嵌入式方法则利用分类模型的内部机制，如随机森林（RF）作为特征选择方法。通常，嵌入式方法在特征数较小的情况下具有较好的结果，且易受到模型预测性能或正则化系数的影响。

在现有的研究中，封装式方法在消耗计算复杂度条件下可以获得相对较好的性能。例如，Jadhav 等（2018）将信息增益与 GA 混合用于信用评级，实证结果表明，基于支持向量机方法获得的精度优于 kNN 和 NB 方法。Huang 和 Dun（2008）将 PSO 与 SVM 分类器结合进行参数确定和特征选择，在分类问题上得到了较好的结果。此外，You 等（2014）提出了基于核偏最小二乘递归特征剔除方法，在高维小数据集中进行实验。结果表明，该方法优于他们列出的其他算法。然而，在现有的研究中，封装式方法仅用于信用风险分类中相对低维的数据集，而对于维数大于 100 的相对高维的信用数据集，值得开发一种有效的特征选择方法。

根据现有研究，学者多从小样本或高维性的角度对信用风险分类问题进行研究，但目前这些研究还存在三个方面的问题：第一，现有研究大多从预测的角度对小样本进行分析。对于分类任务，以往文献中的方法不能有效地应用于信用风险分类领域。第二，现有文献对相对高维性的信贷数据集的研究较少。第三，对于具有高维特征的小样本数据集，即少实例多属性的问题，直接利用模型进行分类预测容易导致过拟合。若采用基于分布的虚拟样本生成技术会增加噪声数据和计算复杂度。因此，本章将采用深度学习和混合特征选择方法处理具有高维特征的小样本数据集问题。

总体来说，本章提出的基于 WGAN 的数据增强和混合核偏最小二乘量子粒子群优化（Kernel Partial Least Squares–Quantum Particle Swarm Optimization，KPLS–QPSO）特征选择方法，主要涉及数据预处理、WGAN 数据生成、KPLS–QPSO 特征选择和模型预测四个主要阶段。在该方法中，首先利用WGAN 生成虚拟样本并增大训练集大小来解决小样本问题；其次利用 KPLS–QPSO 特征选择方法来解决高维问题；最后采用单线性分类器、单非线性分类器和集成分类器等典型分类算法进行预测。本章使用两个高维性小样本数据集进行测试和验证，对比分析了虚拟样本量的增加与模型预测性能的关系，同时利用一些有效的特征选择模型作为基准模型。

5.2　模型构建

本章提出了一种基于 WGAN 的数据增强与混合特征选择相结合的方法

（WGANVSG-KPLS-QPSO），用于高维性小样本的信用风险分类。该方法利用
WGAN 生成虚拟样本并增加到训练集中，并利用 KPLS-QPSO 方法进行特征选
择。高维性小样本信用风险分类的研究框架如图 5-1 所示。

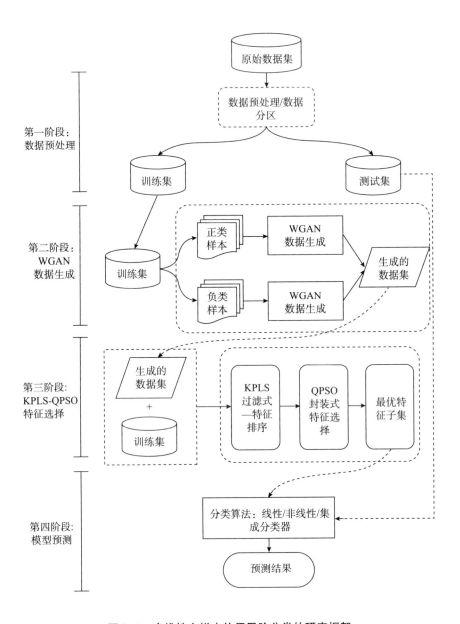

图 5-1　高维性小样本信用风险分类的研究框架

如图 5-1 所示, 本章提出的方法主要由四个阶段构成: 数据预处理、WGAN 数据生成、KPLS-QPSO 特征选择和模型预测。具体来说, 第一阶段, 主要对原始信用数据集进行删除和随机选择分区的预处理。第二阶段, 利用 WGAN 生成虚拟样本并增加到训练集中。第三阶段, 采用混合特征选择方法获得最优特征子集。第四阶段, 采用线性分类器、非线性分类器和集成分类器进行模型预测。数据预处理阶段在 5.3.1 小节将有针对性介绍, 故重点描述第二和第三阶段。

5.2.1 Wasserstein 生成对抗网络

Goodfellow 等 (2014) 提出, 生成式对抗网络 (Generative Adversarial Networks, GAN), 作为一种深度学习方法在图像识别、信号处理和文本挖掘等领域得到广泛的应用。GAN 可以生成近似真实数据的合成样本数据。GAN 结构主要由生成器 G 和判别器 D 两部分组成, 其基本思想是生成器可以通过学习真实样本信息来尝试生成伪样本, 然后利用判别器来判断生成的样本是否与真实样本不同。如果没有差异, 则保留生成的样本。GAN 模型的训练过程如图 5-2 所示。

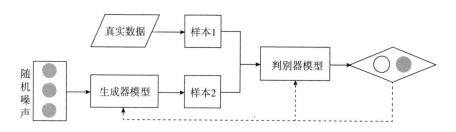

图 5-2 生成对抗网络训练过程

从图 5-2 可以看到, 生成网络 G 将噪声数据映射到真实样本空间 $G(z)$, 判别器网络 D 区分样本来源于真实数据分布 P_{data} 还是生成的数据分布 P_g。式 (5-1) 展示了 D 和 G 的极大极小对策:

$$\min_{G} \max_{D} V(G, D) = E_{z \sim P_z} \left[\log(1-D(G(z))) \right] + E_{x \sim P_{data}} \left[\log D(x) \right] \qquad (5-1)$$

模型训练的目的是使判别器的损失最大, 生成器损失最小, 可以对判别器和生成器进行交替训练。先固定生成器，对判别器训练，完成 k 步后，再固定判别器，训练生成器。其中，生成器的目标函数等价于最小化 P_g 和 P_{data} 之间的 Jenson Shannon（JS）散度。

然而，GAN 模型还存在训练困难、不稳定和模态崩溃等问题。为了解决这些问题，Arjovsky 等（2017）提出 Wasserstein 生成对抗网络（WGAN）。在 WGAN 模型中，用 Wasserstein 距离代替 JS 散度，可以有效防止训练过程中的梯度爆炸，使训练更加稳定、生成的样本更加多样化。对于高维性小样本，WGAN 可以生成与原始样本相似的样本，因此，本章使用 WGAN 分别生成正样本和负样本。此外，基于生成的虚拟样本，构建了均衡的训练集，进而利用不同分类算法进行实证分析。

5.2.2　混合特征选择方法

高维的信用数据通常存在冗余和无关的特征，对于添加虚拟样本的训练集，需要通过降低维数来降低建模复杂度与提高模型预测性能。为解决高维信用风险分类问题，本节针对维数大于 100 的相对高维信用数据集，提出了基于 KPLS-QPSO 的特征选择方法。先简要介绍 KPLS 方法，然后描述 QPSO 算法，最后提出混合 KPLS 与 QPSO 特征选择算法。

5.2.2.1　核偏最小二乘法

基于统计和信息理论的过滤式方法在特征选择中起着重要的作用。例如，Rosipal 和 Trejo（2001）提出的核偏最小二乘算法（Kernel Partial Least Squares Algorithm，KPLS）考虑了特征属性和类标签之间的成分相关性。KPLS 能有效消除变量间共线性的影响，对处理高维问题具有较强的预测能力（Sun 等，2014）。下面对 KPLS 进行描述：

给定以训练样本集 $\{(\mathbf{x}_i, \mathbf{y}_i) \mid i = 1, 2, \cdots, N, \mathbf{x}_i \in R^{N \times M}, \mathbf{y}_i \in \mathbf{R}^{N \times C}\}$，其中，x 表示 N 个样本 M 个属性的特征矩阵，y 表示 N 个样本 C 个类别的标签矩阵。核偏最小二乘模型的数学优化问题如式（5-2）所示：

$$\max <\Phi(E_0)w_1, \Phi(F_0)c_1> \text{ s. t. } w_1^T w_1 = 1, \ c_1^T c_1 = 1 \tag{5-2}$$

其中，$t_1 = E_0 w_1$ 和 $u_1 = F_0 c_1$ 分别表示为 E_0 与 F_0 的第一个潜在成分，第二

对成分 t_2 和 u_2 是从残差 $E_1 = E_0 - t_1 p^T$ 和 $F_1 = F_0 - u_1 q^T$ 中提取得到的，这个过程循环迭代直至满足停止准则。此外，核函数映射被定义为 $\mathbf{K} = \Phi^T(x) \cdot \Phi(x)$，高斯径向基核函数（Guassian Radial Basis Function，RBF）是最受欢迎的核函数。若继续了解有关 KPLS 的详细描述可见相关参考文献（Bennett 和 Embrechts，2003；Yang 等，2011）。根据 $T = [t_1, t_2, \cdots, t_H]$，$W = [w_1, w_2, \cdots, w_H]$ 的相应计算结果，H 为成分的数量，每个特征重要性 Variable Importance in the Projection（VIP）能够通过如下公式计算得到。

$$VIP(x_i) = \sqrt{M \frac{\sum\limits_{h=1}^{H} VIP_i^h w_{ih}^2}{\sum\limits_{h=1}^{H} VIP_i^h}} \quad i \in \{1, 2, \cdots, M\} \tag{5-3}$$

其中，w_{ih} 为 w_h 的第 i 个权重，VIP（x_i）表示特征 x_i 的相对重要性程度。t_h 相对于标签 Y 的解释力能够表示为 $VIP_i^h = \frac{1}{K}\sum\limits_{k=1}^{K}\phi^2(y_k, t_h)$，其中，$\phi$ 表示为相关性函数，虽然 KPLS 的特征重要性排序在特征子集的选择过程中起着重要的作用。然而，在特征选择中，过滤式方法没有考虑分类器和特征组合的影响。因此，仍然有机会改进最优特征子集，如与封装式方法的结合。

5.2.2.2　量子粒子群算法

随着人工智能技术的发展，智能算法不断发展并应用于各个领域。如 Sun 等（2004）提出的量子粒子群算法（Quantum Particle Swarm Optimization，QPSO）被认为比 PSO 算法具有更好的收敛和优化能力。在 QPSO 中，粒子的运动类似于量子物理中粒子的运动状态。波函数的概率密度函数表示粒子在某一时刻出现的概率。

QPSO 包括五个主要步骤：第一步，初始种群由初始解随机生成；第二步，对每个粒子评估适应度函数，得到个体和群体的最优解；第三步，计算总体中所有粒子的最佳位置的平均值；第四步，更新粒子的位置；第五步，循环第二步和第四步，直到满足条件。停止条件通常是迭代的最大次数。粒子的位置按照以下公式更新：

$$X_{t+1} = p_i + \alpha \times (mBest - X_t) \times \ln(1/u_t) \quad u_t \sim U(0, 1), \text{ if } k \geqslant 0.5 \tag{5-4}$$

$$X_{t+1} = p_i - \alpha \times (mBest - X_t) \times \ln(1/u_t) \quad u_t \sim U(0, 1), \ if \quad k < 0.5 \tag{5-5}$$

$$p_i = \beta \times pBest_i + (1 - \beta) \times gBest_i \tag{5-6}$$

$$mBest = \frac{1}{N} \sum_{i=1}^{N} pBest_i \tag{5-7}$$

$$pBest_{t+1} = \begin{cases} X_t, & if \ F(X_t) > F(pBest_t) \\ pBest_t, & if \ F(X_t) \leqslant F(pBest_t) \end{cases} \tag{5-8}$$

其中，N 为粒子的数量，mBest 为种群中所有粒子的最佳位置的平均值，第 i（i=1，2，3，…，N）个粒子被表示为 X_t，pBest 为最优位置，gBset 为所有粒子中的最优解，mBest 定义为总体中所有最优位置的平均值，k、u、β 服从［0，1］均匀分布，α 为收缩膨胀系数。目前，QPSO 已广泛应用于各个领域，其效果优于其他智能算法，如在癌症诊断领域（Xi 等，2016）。因此，本章将 QPSO 作为一种封装式方法用于信用风险分类中的特征选择。

5.2.2.3 混合特征选择方法

由于过滤式方法没有利用特征交互带来性能的提升，单独的封装式方法在高维数据集中的计算复杂度会增加，同时对搜索能力也是一种考验。因此，本章提出的混合方法不仅考虑特征重要性排序的结果，还可以利用混合过滤式和群体智能的封装式方法进行特征选择，从而提高搜索最优特征子集的能力。图 5-3 给出了混合 KPLS 和 QPSO（KPLS-QPSO）的操作步骤。

在本章提出的算法 1 中，有两点需要注意：第一点是初始总体是由均匀分布产生的随机数。总体由 0 和 1 组成，1 表示特征被选中，0 表示特征未被选中，k 表示在特征排序后以 10% 递增的特征数量；第二点是适应度函数被定义为 Fitness$= \beta \times accuracy - (1 - \beta) \times \dfrac{N_{selected}}{N_{tol}}$，其中，$N_{selected}$ 是被选择的特征的数量；N_{tol} 是特征的总数量；$\dfrac{N_{selected}}{N_{tol}}$ 是模型的复杂度；β 是权衡因子，平衡模型准确率与复杂度。通常，低复杂度和高准确率下计算量更少且泛化性能也更低。

事实上，QPSO 方法可以根据 KPLS 特征重要性排序快速选择有效特征。综上所述，KPLS-QPSO 可以充分利用两种特征选择方法的优势，大大降低计

Algorithm 1 KPLS–QPSO algorithm for feature selection

1：Calculate the feature importance from the balanced dataset based on KPLS
2：Rank the features in the dataset according to the importance
3：**Input**：dataset with top k feature set
4：**Output**：optimal feature subset
5：**Procedure** QPSO
6：　**Input**：PopSize, Maxiter
7：　**Output**：The best particle
8：　**Initialize**：population binary coding for PopSize particles
9：　**for** each particle **do**
10：　　Calculate the accuracy fitness based on classifiers
11：　**end for**
12：　　Save the optimal solution based on the fitness
13：　**repeat**
14：　　Calculate mBest–the mean of the best particles for population
15：　　**for** all particles **do**
16：　　　Update the particle positions
17：　　**end for**
18：　　Calculate and save the fitness
19：　**Until** Maxiter
20：Calculate fitness based on the accuracy and complexity
21：**end procedure**

图 5-3　KPLS-QPSO 特征选择算法

算复杂度。可以实现特征选择的两个目的：一是解决高维问题以降低实际成本；二是提高预测精度，减少可能的经济损失。

　　如前所述，数据特征驱动建模方法在信用风险分类中发挥着重要作用。而对于高维性小样本数据集，将虚拟样本加入训练集与特征选择后，可选择五个信用风险分类中经典的分类算法。本章将分类算法分为单线性分类器、单非线性分类器和集成分类器。其中，单线性分类器包含线性核函数支持向量机和LogR，单非线性分类器包含 kNN，集成分类器包含 AdaBoost 和随机森林（Random Forest，RF）。

5.3　实证分析

　　为了验证所提方法的有效性，本章使用中国银联信用数据集和贷款违约预测数据集进行实验，实验采用不同的虚拟样本数量和降维方法进行比较。

5.3.1 数据描述

本章使用了两个信用数据集进行实验。第一个是中国银联信用数据集，来自中国银联举办的数据大赛（https：//open. chinaums. com/#/intro）。该数据集包含 11017 个样本，每个样本有 199 个特征属性。在这个数据集中，好的信用有 8873 个样本，坏的信用有 2144 个样本。数据集中存在一个自然的数据缺失问题，缺失率高达 41.14%左右。为了避免数据缺失对建模的影响，按照以下规则从原始数据集中去除一些缺失值的属性和一些缺失值的样本：首先，对于缺失值，首先删除缺失数据超过 50%的属性。其次，删除具有单个值的属性。再次，删除含有缺失值的样本。最后，信用数据集包含 3733 个样本，具有 124 个属性，包括 2478 个好的信用和 1255 个坏的信用。同时，在数据划分方面，将预处理后的高维性数据集随机分成两部分，随机选取 30 个样本作为训练集，剩下的样本作为测试集。该训练集呈现高维性小样本数据特征。

第二个是贷款违约预测信贷数据集，来自 Kaggle 竞赛（https：//www. kaggle. com/c/loan-default-prediction/data）。该数据集是一个二分类问题，它将 105471 个样本分为两类：好的信用包含 95688 个样本，坏的信用包含 9783 个样本。每个样本具有 769 个特征属性。该数据集具有大样本、缺失数据、高维性等典型数据特征。为了避免缺失数据对建模的影响，可以按如下方式处理该数据集：首先，对于缺失的数据，将删除具有缺失数据的属性。其次，从删除缺失属性的数据集中随机选择样本。最后，处理后的数据集包含 1000 个样本，共有 244 个属性，包括 500 个好信用和 500 个坏信用。对于数据进行划分，将高维分析数据集随机分成两部分，随机选取 30 个样本作为训练集，剩下的样本作为测试集。同样，该训练集呈现高维性小样本数据特征。

5.3.2 评估准则与实验设计

为了比较，采用 5.2.2 节中描述的 5 个分类算法。为了验证所提模型的有效性，下面使用了四个指标：ROC 曲线下面积（AUC）、Type Ⅰ accuracy（以下简称 Type Ⅰ）和 Type Ⅱ accuracy（以下简称 Type Ⅱ）以及 G-mean。具体公式参见 3.3.2 节和 4.3.2 节。

所有的实验都通过一台搭载核心 i7-6700U 2.59 GHz 处理器和 8GB RAM 的笔记本电脑进行。这些模型的参数设计如下：kNN 的参数 k 设为 5；RF 由 100 棵决策树组成，AdaBoost 中的循环迭代次数为 100；对于 WGAN 模型，生成器 G 和鉴别器 D 由两个隐含层组成，判别器先迭代 100 次，生成器随后迭代 1 次，学习速率为 1e-4，WGAN 训练过程执行 100000 次迭代。同时，使用 XGBoost 检查生成数据的质量，选择有效样本注入到训练集中，这一步具体细节主要参考相关文献（Ba，2019）。在 KPLS-QPSO 方法中，KPLS 分量数设为 3，QPSO 的初始种群的粒子数设为 50，初始最大迭代次数设为 20，然后迭代次数每次增加 10，最终迭代次数为 110。同时，所有数据在建模之前都是标准化的。为了验证所提模型在不同训练数据集上的鲁棒性，每次实验进行 5 次，最终结果为 5 次实验结果的平均值。

5.3.3　实验结果与分析

5.3.3.1　实验 1：中国银联信用数据集

为了进行性能比较，使用了不同数量的训练样本，在原始数据集中加入不同数量的虚拟样本，测试虚拟样本下分类的有效性。为此，将 50 个、100 个、200 个、400 个类别均衡的虚拟样本（Virtual Samples，VS）加入到原始小样本中，性能比较结果如表 5-1 和图 5-4 所示。同时，本章以小样本（SS）建模结果为基准。在接下来的实验中，最好的结果在每个指标中以粗体突出显示。在每个实验中，每个指标的最佳结果都用粗体和下划线突出显示。

表 5-1　基于不同虚拟样本数量的性能对比（实验 1）

样本	Model	AUC	Type Ⅰ	Type Ⅱ	G-mean
SS	SVM	0.4963	0.4839	0.5055	0.4946
	LogR	0.5334	0.0458	**0.9044**	0.2036
	kNN	0.5165	0.3633	0.6344	0.4801
	AdaBoost	0.5430	**0.5024**	0.5681	**0.5343**
	RF	**0.5604**	0.3103	0.7605	0.4858

样本	Model	AUC	Type I	Type II	G-mean
50 VS	SVM	0.4935	0.2854	0.6978	0.4463
	LogR	0.5860	**0.5302**	0.5654	0.4708
	kNN	0.5641	0.3971	0.6706	0.5160
	AdaBoost	0.5731	0.4445	0.6531	**0.5388**
	RF	**0.6089**	0.3469	**0.7672**	0.5148
100 VS	SVM	0.5213	0.3762	0.6417	0.4913
	LogR	0.5909	0.4143	0.6704	0.4761
	kNN	0.5571	0.4043	0.6621	0.5174
	AdaBoost	0.5879	0.4429	0.6787	0.5483
	RF	**0.6199**	**0.4502**	**0.7057**	**0.5632**
200 VS	SVM	0.5300	0.4373	0.6141	0.5182
	LogR	0.6049	**0.5410**	0.5915	0.5441
	kNN	0.5534	0.4076	0.6507	0.5150
	AdaBoost	0.5998	0.5080	0.6377	0.5692
	RF	**0.6200**	0.4941	**0.6771**	**0.5779**
400 VS	SVM	0.5339	0.4743	0.5828	0.5257
	LogR	0.6024	0.4551	**0.6668**	0.5477
	kNN	0.5504	0.4156	0.6413	0.5163
	AdaBoost	0.5972	0.4735	0.6531	0.5561
	RF	**0.6219**	**0.5172**	0.6560	**0.5816**

注：SS 表示小样本，VS 表示虚拟样本。

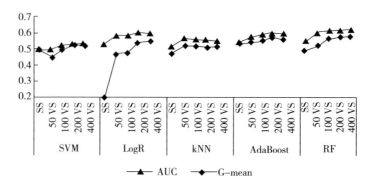

图5-4　基于不同虚拟样本数量与不同分类器的性能对比（实验1）

根据表 5-1 和图 5-4，我们可以得到四个有趣的发现：

（1）从虚拟样本数量的角度来看，随着训练集中虚拟样本数量的增加，各个模型的性能可以逐渐提高。这说明训练集中的样本越多，模型的预测性能就越好。特别是在 400 个虚拟样本的情况下，AUC 和 G-mean 的性能最好。这一现象可以从以下两个方面来解释：一方面，WGAN 可以通过计算 Wasserstein 距离相似度来生成高效样本，使训练更加稳定；另一方面，更多的训练样本可以避免过拟合，提高预测性能。

（2）对于四个评价标准，AUC 和 G-mean 在 SS 中表现最差，随着 VS 数量的增加，大多数情况下 AUC 和 G-mean 都可以相应提高。然而，Type I 精度没有呈现这种变化规律。可能有两个原因：一是生成的高维性样本可能存在噪声，影响预测能力；二是生成的坏的信用样本对模型训练效率提升有限，大量的样本被判定为好的信用样本。因此，G-mean 增加，Type I 精度减少，而 Type II 精度增加。

（3）从图 5-4 中分类器的角度来看，RF 分类器的 AUC 和 G-mean 表现最好，其次是 LogR、AdaBoost、kNN 和 SVM 表现最差。这说明集成模型（RF 和 AdaBoost）和传统统计单模型 LogR 对该数据集有良好的分类能力。特别地，SVM 的性能略低于 kNN，其原因可能是高维空间的映射无法捕获有效性信息，在高维性数据中遇到局部极小问题。

（4）在训练样本中注入 VS 的结果要优于 SS 的结果，这说明虚拟样本的注入可以提高模型的训练效能，改善训练结果。同时，在 50 个、100 个、200 个和 400 个虚拟样本的情况下，预测结果逐渐变好，这说明训练样本数量的增加有助于模型预测性能的提高。因此，这些结果证明了使用 WGAN 生成虚拟样本提高了小样本信用风险分类精度。

在许多实证研究中，数据高维性作为一种经典的数据特征对模型预测能力有显著影响。同样地，为了解决数据高维性问题，在向训练集中注入 400 个虚拟样本后，采用 KPLS-QPSO 混合特征选择方法。具体来说，先使用 KPLS 进行特征重要性排序，然后使用 QPSO 进行封装式特征选择，最终基于最优特征子集构建预测模型。为了验证所提 KPLS-QPSO 方法的有效性，以 QPSO 和

mRMR-QPSO 为基准进行特征选择（FS）。实际上，mRMR 是一种非常流行的过滤式特征选择方法（Mundra 和 Rajapakse，2010），本章以 mRMR-QPSO 为基准，验证了所提出的将过滤式方法与 QPSO 相结合的有效性。根据上一小节的实验设计，可以得到不同特征选择方法的性能对比结果，具体如表 5-2 所示。需要注意的是，#SF 表示被选择特征的数量，No FS 表示没有特征选择，即仅注入 400 VS 到训练样本中。

表 5-2　不同特征选择方法的性能对比（实验 1）

FS 方法	Model	#SF	AUC	Type I	Type II	G-mean
No FS	SVM	124	0.5339	0.4743	0.5828	0.5257
	LogR	124	0.6024	0.4551	**0.6668**	0.5477
	kNN	124	0.5504	0.4156	0.6413	0.5163
	AdaBoost	124	0.5972	0.4735	0.6531	0.5561
	RF	124	**0.6219**	**0.5172**	0.6560	**0.5816**
QPSO	SVM	78	0.5676	0.5289	0.5848	0.5562
	LogR	68	**0.6088**	**0.5635**	0.5909	**0.5770**
	kNN	16	0.5724	0.4861	0.6180	0.5438
	AdaBoost	67	0.5947	0.4735	0.6564	0.5575
	RF	45	0.5595	0.3272	**0.7670**	0.5009
mRMR-QPSO	SVM	15	0.5826	0.5249	0.6028	0.5625
	LogR	11	0.5917	**0.5643**	0.5929	**0.5784**
	kNN	5	0.5555	0.4622	0.6328	0.5408
	AdaBoost	20	0.5860	0.4791	0.6328	0.5506
	RF	28	**0.6034**	0.5121	**0.6450**	0.5747
KPLS-QPSO	SVM	10	0.5873	**0.6101**	0.5499	0.5792
	LogR	12	0.5962	0.5699	0.5893	0.5795
	kNN	10	0.5860	0.6066	0.5445	0.5747
	AdaBoost	17	**0.6297**	0.5659	0.6035	**0.5844**
	RF	22	0.6266	0.4871	**0.6878**	0.5788

根据表 5-2 可以得到四个有意义的结果：

首先，本章所提出的 KPLS-QPSO 算法在 AUC 和 G-mean 方面的性能最好，其次是 QPSO、mRMR-QPSO 和 No FS，这表明了 KPLS-QPSO 算法的有效性。这主要有两个原因：第一，KPLS 可以进行鲁棒性特征选择，并在投影过程中根据变量重要度产生高效的特征重要性排序。第二，QPSO 可以直接基于 KPLS 特征重要性排序进行特征选择，从而提高搜索最优特征子集的效率。

其次，从特征选择的角度来看，QPSO、mRMR-QPSO 和 KPLS-QPSO 的结果优于 No FS 的结果，这说明特征选择可以去除冗余和不相关的特征，从而提高模型的预测性能。在三种特征选择方法中，KPLS-QPSO 表现最好，其次是 QPSO 和 mRMR-QPSO。主要原因可以从两个方面来解释：一方面，封装式方法可以在面对小样本的训练样本时进行特征选择，但容易产生过拟合问题；另一方面，混合过滤式与封装式方法可以提高模型的性能。特征重要性排序的结果可以帮助封装式方法降低模型的复杂度。

再次，从特征选择的数量来看，KPLS-QPSO 和 mRMR-QPSO 能够比 QPSO 选择更少的特征，主要原因是混合过滤式和封装式的特征选择方法可以通过特征重要性排序得到最少的特征，克服了单一特征选择方法的缺点。因此，在仅使用 400 个 VS 数据的条件下，混合特征选择可以避免小样本训练数据的过拟合问题。

最后，对于五种分类器，很容易看到 AdaBoost 在 AUC 和 G-mean 方面取得了最好的结果，其次是 RF、LogR、SVM 和 kNN。在大多数情况下，集成分类器（如 AdaBoost 和 RF）和 LogR 可以获得更好的结果。这个结果产生的主要原因可以从以下三个方面来解释：首先，集成分类器（AdaBoost 和 RF）可以减少泛化误差的偏差和方差，特别是 AdaBoost 可以避免过拟合问题，从而产生比单个模型更加鲁棒的结果。其次，训练集中的均衡训练样本可以提高预测性能。最后，属性数据与标签之间可能存在线性关系，从而提高了 LogR 的预测性能。此外，特征选择降低了非线性关系，经过特征选择后，Type Ⅰ 精度得到了很大的提高。例如，在 AdaBoost 上进行 KPLS-QPSO 特征选择后，Type Ⅰ 增加了 19.51%，Type Ⅱ 减少了 7.59%。

5.3.3.2　实验 2：贷款违约预测信用数据集

本节将贷款违约预测数据集作为高维小样本信贷数据集，验证本章提出的集成数据增强和混合特征选择方法的有效性。此数据集有更高的维度，根据前面第5.3.2节的实验设计，为了解决小样本和高维性特征问题，实验分为两个阶段：第一阶段是针对小样本问题的 WGAN 虚拟样本生成；第二阶段是针对高维问题的 KPLS-QPSO 特征选择。

在第一阶段，使用 WGAN 生成数量不同的虚拟样本，分别为50个、100个、200个和400个样本，其实验结果如表5-3和图5-5所示。根据表5-3和图5-5，我们可以发现三个重要的结果：

（1）对于四个评估标准，很容易发现最好的 AUC 值与 G-mean 不一致，G-mean 在200个 VS 时最好，而 AUC 最好时 VS 为400。为了确定在哪个数据集上获得最佳结果，将 AUC 和 G-mean 相结合，通过双尾 t 检验我们发现，200个 VS 与400个 VS 的性能差异在10%显著性水平上不显著。然而，在200个 VS 的情况下，大多数情况下可以获得更好的 G-mean。因此，200个 VS 的情况可以获得最好的性能。

（2）从图5-5可以看出，在五种模型中 LogR 的 AUC 最好，AdaBoost、RF 和 SVM 次之，kNN 最差，这与前一小节的实验结果略有不同，可能的原因有以下两个方面：一方面，集成分类器（AdaBoost 和 RF）的有效性和鲁棒性在信用风险分类中起着重要作用；另一方面，不同的分类器在不同数据集中表现出不同的分类能力。

表 5-3　基于不同虚拟样本数量的性能对比（实验 2）

样本	Model	AUC	Type Ⅰ	Type Ⅱ	G-mean
SS	SVM	0.5726	0.5175	0.5732	0.5447
	LogR	**0.6187**	0.6070	0.5282	0.5047
	kNN	0.5647	0.2928	**0.7588**	0.4713
	AdaBoost	0.6053	0.4804	0.6866	0.5743
	RF	0.6123	**0.6177**	0.5670	**0.5905**
50 VS	SVM	0.5716	0.5381	0.5485	0.5433
	LogR	0.6189	0.6082	0.5159	0.4808
	kNN	0.5735	0.6371	0.4495	0.5351
	AdaBoost	0.6106	0.4948	**0.6433**	0.5642
	RF	**0.6193**	**0.6449**	0.5439	**0.5912**

续表

样本	Model	AUC	Type Ⅰ	Type Ⅱ	G-mean
	SVM	0.5856	0.5546	0.5546	0.5546
	LogR	**0.6226**	**0.6503**	0.5373	0.5793
100 VS	kNN	0.5718	0.4454	**0.6557**	0.5404
	AdaBoost	0.6159	0.5608	0.5897	0.5751
	RF	0.6108	0.6297	0.5526	**0.5894**
	SVM	0.6035	0.5423	0.5794	0.5605
	LogR	0.6239	**0.5678**	0.5802	0.5292
200 VS	kNN	0.5753	0.4557	0.6433	0.5414
	AdaBoost	**0.6243**	0.5423	**0.6557**	**0.5963**
	RF	0.6200	0.5538	0.6408	0.5951
	SVM	0.6034	0.5340	0.5691	0.5513
	LogR	**0.6265**	**0.6396**	0.5377	0.5525
400 VS	kNN	0.5727	0.5072	0.6082	0.5554
	AdaBoost	0.6255	0.4392	**0.7155**	0.5605
	RF	0.6212	0.5456	0.6408	**0.5900**

注：SS 表示小样本，VS 表示虚拟样本。

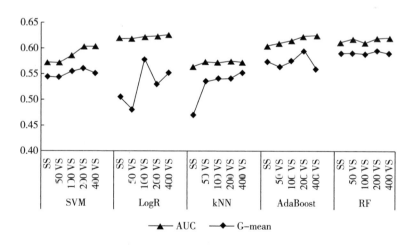

图 5-5　基于不同虚拟样本数量与不同分类器的性能对比（实验 2）

（3）对于不同规模的虚拟样本，在训练集中加入不同规模的 VS 的性能要优于 SS，说明 WGAN 是解决小样本问题的有效方法。考虑到 VS 大小在 AUC

和 G-mean 指标上的不同，大多数情况下在 200 个 VS 可以得到最好的结果，这说明生成的虚拟样本有助于提高模型的训练能力。更特别的是，"越多越好"的原则不适用于训练样本。

在第二阶段，为了解决高维数据问题，采用 KPLS-QPSO 进行特征选择。根据前面的实验设计和结果分析，实验基于 200 个 VS 展开，表 5-4 总结了不同方法的比较。

表 5-4　不同特征选择方法的性能对比（实验 2）

FS 方法	Model	#SF	AUC	Type Ⅰ	Type Ⅱ	G-mean
No FS	SVM	244	0.6035	0.5423	0.5794	0.5605
	LogR	244	0.6239	**0.5678**	0.5802	0.5292
	kNN	244	0.5753	0.4557	0.6433	0.5414
	AdaBoost	244	**0.6243**	0.5423	**0.6557**	**0.5963**
	RF	244	0.6200	0.5538	0.6408	0.5951
QPSO	SVM	114	0.5867	0.5835	0.5361	0.5593
	LogR	61	0.5827	**0.6062**	0.5052	0.5534
	kNN	21	0.5296	0.5876	0.4433	0.5104
	AdaBoost	185	**0.6223**	0.5093	0.6392	**0.5705**
	RF	25	0.5469	0.4041	<u>0.6577</u>	0.5156
mRMR-QPSO	SVM	39	0.5879	**0.6007**	0.5457	0.5725
	LogR	53	0.6011	0.5876	0.5814	0.5845
	kNN	26	0.5914	0.5739	0.5491	0.5614
	AdaBoost	58	**0.6166**	0.5395	**0.6323**	0.5826
	RF	35	0.6146	0.5753	0.6158	**0.5950**
KPLS-QPSO	SVM	73	0.6199	0.6000	0.5773	0.5886
	LogR	72	<u>**0.6389**</u>	0.6082	0.5930	0.6006
	kNN	17	0.5572	0.4464	**0.6464**	0.5372
	AdaBoost	37	0.6273	<u>**0.6151**</u>	0.5945	<u>**0.6045**</u>
	RF	36	0.6169	0.5773	0.6119	0.5942

根据表 5-4：

（1）从 AUC、Type Ⅰ 准确率和 G-mean 来看，KPLS-QPSO 算法在不同模

型中多数情况下表现最好，说明 KPLS-QPSO 算法可以获得最优的特征子集，提高不同分类器的分类性能。此外，在大多数情况下，在没有特征选择时的 Type Ⅱ 精度比进行特征选择的高，且其他三个指标也都在上升，这一现象值得今后进一步探索。

（2）从选择的特征数来看，QPSO 可以很容易去除冗余和不相关的特征，这说明 QPSO 特征选择可以提高建模的计算效率。但在分类预测性能方面，QPSO 的性能要弱于没有 FS 的性能，可能原因是基于 230 个样本直接采用 QP-SO 封装式方法易出现过拟合问题。实际上，本章所提出的混合特征选择策略（mRMR-QPSO 和 KPLS-QPSO）可以大大减少最优特征子集的大小，主要原因是混合特征选择可以避免高维、少量训练样本的过拟合问题，可以快速选择出重要的特征。

（3）在五种分类器中，性能排名前两位的为 LogR 和 AdaBoost 分类器，RF、SVM 和 kNN 比较差。其中，LogR 取得最优的 AUC，AdaBoost 获得最高的 G-mean。但从计算效率的角度来看，AdaBoost 只选择了 37 个特征，这说明它可以为金融机构节省尽可能少的计算成本。从这个意义上说，应该在计算性能和特征数量之间进行权衡。从增量效果的角度看，特征数的增量小于计算性能的增量。LogR 选择了 72 个特征，与 AdaBoost 选择特征数相差 35（72-37 = 35）个，那么相对于 LogR 而言，AdaBoost 更容易被选择。

（4）在特征选择方面，使用特征选择的性能优于不使用 FS 的性能，说明特征选择可以处理高维性问题。本章所提出的 KPLS-QPSO 算法能够选择最少的特征数，并获得最佳的预测性能。

5.3.3.3　实证小结

根据以上两个实验的实证结果，可以总结出以下三个有趣的发现：

（1）对于小样本问题，数据增强是增加训练样本大小的一种有效方法。本章提出的基于 WGAN 的虚拟样本生成方法可以大大提高对这两个信用数据集的分类性能，有效地解决了信用风险分类中训练样本不足的问题。在添加 50 个、100 个、200 个和 400 个虚拟样本后发现，"越多越好"的原则不适用于虚拟样本的增加。

（2）本章提出的 KPLS-QPSO 特征选择方法比其他特征选择方法（如 QP-SO 和 mRMR-QPSO）具有更好的性能，并能提高预测性能和降维。这表明本书所提出的混合特征选择方法是一种处理高维性小样本的有效方法。此外，KPLS 的特征重要性排序提高了群智能封装式方法的效率。

（3）与各种类型的分类算法相比，本章提出的融合数据增强和混合特征选择的方法与 AdaBoost 算法结合时能取得更好的性能，主要原因是 AdaBoost 可以避免过拟合，减小泛化误差的偏差和方差，从而产生比单个模型更稳健的结果。在指标结果上，本章提出的集成 WGANVSG 与 KPLS-QPSO 特征选择方法可以获得更高的 Type Ⅰ 精度。对于金融机构来说，这些良好的结果将有助于减少不良借贷者可能造成的经济损失。因此，将基于 WGAN 的数据增强和 KPLS-QPSO 特征选择与 AdaBoost 相结合，可以从训练样本增强和特征去除的角度解决过拟合问题，这说明该混合方法是一种处理高维性小样本信用风险分类的有效方法。

5.4 本章小结

针对高维性小样本的信用风险分类问题，本章提出了一种基于 WGAN 数据增强与 KPLS-QPSO 特征选择的混合方法。在模型中，利用 WGAN 生成虚拟样本解决数据实例稀缺问题，利用 KPLS-QPSO 特征选择方法解决信用数据的高维性问题。实验结果证明，基于 WGAN 的数据增强结合 KPLS-QPSO 特征选择的方法可以提高模型的分类性能，明显优于本章列出的其他算法。这表明基于 WGAN 的 KPLS-QPSO 特征选择数据增强方法为小样本高维信用风险分类提供了一种有前景的解决方案。

当存在辅助数据时，从数据集实例的角度进行分析，信用数据集易出现无有效训练样本，即小样本数量为零的情况，如何进行此类情形下的信用风险分类，将是一个全新的问题。我们将在下一章研究此问题。

第6章 基于无有效训练样本的
信用风险分类研究

前文已经证实属性的数量与质量对信用分类模型的泛化性能具有一定的影响。然而，实例的数量与质量同样影响模型的泛化性能。在信用风险分类中，由过早的训练样本或早期业务数据构建的模型在面对新数据时的预测性能较差，此时则被认为模型中无有效训练样本，即有效样本数量为零，属于小样本问题的一种特例。为了解决此类问题，本章提出一种基于域自适应算法的多级集成学习模型，并应用于中小企业信用风险评估。6.1 节介绍研究问题背景；6.2 节为模型构建；6.3 节进行实证分析；6.4 节总结本章的内容。

6.1　问题背景

前文主要对个人信贷业务的风险进行评估，中小企业的信用风险评估同样重要。由于我国中小企业的主要问题是成立时间短、财务信息不明确和数据获取难等，金融机构无法有效地评估中小企业信用风险，中小企业的信用贷款申请容易被拒绝（Wong 等，2016；Chen 等，2010）。因此，为了缓解中小企业融资难的问题，进一步提升对中小企业的信用风险评估能力，学者不断对中小企业信用风险的评估方法进行深入研究。现有文献多从评价指标体系与评估模型两个方面进行研究。

对于评价指标体系，一些学者做了大量的研究（Altman 和 Sabato，2007；Altman 等，2012），他们认为，中小企业的财务信息和非财务信息对中小企业的信用风险有影响（Calabrese 和 Osmetti，2013；Li 等，2016）。实际上，增加更多关于供应链金融（Supply Chain Finance，SCF）的信息，可以提高中小企业的融资能力。因此，一些学者将重点放在供应链中核心企业的财务指标和非财务指标上（Wuttke 等，2013；Gelsomino 等，2016；Zhu 等，2017）。进一步从定性和定量两个方面分析各指标对信用风险评价的影响，根据中小企业传统评价指标与供应链金融评价指标之间的因果关系选取一些核心指标。

对于信用风险评估模型，在现有的模型中，金融机构经常使用传统的信用风险分类模型，如判别分析（DA）（Edmister，1972）和 logit 回归（LogR）（Keasey 和 Watson，1987）。但是这些模型包含了一些固定的假设，如变量之间是独立的，很难提高模型的准确性。因此，基于人工智能（AI）的信用风险分类模型被开发出发，如人工蜂群优化算法（ABC）（Hsu 等，2011）、决策树（DT）（Hung 和 Chen，2009）、人工神经网络（ANN）（Desai，1996）和支持向量机（SVM）（Kim 和 Sohn，2010）。与传统方法相比，人工智能模型可以很好地处理这些大规模非线性可分问题。然而，这些单一模型由于局部极小值和不稳定性的缺点，难以在多个数据集中获得稳健的结果。因此，在信用风险分析中，有学者采用了一些比基于人工智能的单一模型精度更高的混合模型和集成模型，如混合 LogR 和 ANN（Lin，2009）、混合集成模型（Wang 和 Ma，2011）。

在上述信用风险分类模型中，仅利用中小企业的内在影响因素来构建评价模型。然而，当数据信息不足时，金融机构无法准确评估中小企业的信用风险（Yu 和 Zhang，2021）。在供应链金融条件下，更多的指标数量可以提升预测性能。有学者对此进行了研究，例如，基于 ANN（Wang 和 Huang，2009）和支持向量机（Zhang 等，2015）模型对供应链金融视角下的中国中小企业信贷风险进行分类。同样，供应链金融中的信用风险分类模型也涉及一些混合和集成模型，如 Liu 和 Huang（2020）提出基于 SVM 的 AdaBoosting 集成学习方法和粒子群优化算法来解决供应链金融中的风险评估问题，并用我国部分上市公司的数据进行实证。研究结果表明，该方法的精度优于单一模型。Zhu 等（2019）将两阶段混合模型和混合集成模型用于供应链金融中小企业信用风险分类。实验结果表明，混合集成方法优于单模型方法，也证明了供应链金融中的一些指标在信用风险分类中发挥了重要作用。综上所述，供应链金融因素可以助力中小企业信用风险分类。

由此可见，无论是评估指标体系还是评估方法，借助于供应链金融因素可提升中小企业风险评估能力。然而，在对中小企业数据进行模型训练时，划分的训练集与测试集时间尺度跨越较大，导致信贷数据集分布不同（Chen 等，2020）。从传统监督学习的角度来看，这些数据由于分布的不同，难以构建有效的信用预测模型。本章把数据分布差异定义为无有效的训练样本，即有效样本数量为零。事实上，迁移学习可解决此类小样本问题，迁移学习的主要思想是将知识从源领域转移到不同但相关的目标领域，提高目标领域的建模能力。

目前，迁移学习方法已经被应用到各个领域。在信用风险分类方面，Xiao 等（2014）提出一种基于聚类和选择迁移实例的动态迁移集成模型用于信用风险分类。实验结果表明，该模型优于两种传统的和现有的迁移学习模型。同样，Li 等（2019）采用基于源域与目标域相似度的迁移学习方法进行信用风险分类，获得较好的结果。在一定程度上，除了上述实例迁移之外，还存在一些基于域自适应的信用风险分类方法。Chen 等（2020）提出了改进的域自适应算法用于信用分类，该算法旨在减少已标记源域样本与未标记目标域样本之间的差异。实证结果表明，该方法在信用风险分类方面优于多种迁移学习方法。此外，当数据量较少时，混合集成学习方法可以增强模型的鲁棒性。综上所述，迁移学习方法能够解决信用数据集中分布差异的问题。

通常，在信用风险预测中，可获得数据较少且数据分布差异问题将导致模型预测性能较差。受时间或者不同信贷业务的影响，有效训练样本数量为零的情况常出现在中小企业信用风险评估中。因此，为了解决中小企业信用风险评估中数据稀缺与低准确率问题，本章提出一个基于迁移学习方法的多阶段集成学习模型用于中小企业信用风险评估。

总体来说，本章提出的基于联合分布自适应的多阶段集成学习方法，主要包括 Bagging 重采样、随机子空间结合域自适应方法和最终的集成预测三个阶段。首先，利用 Bagging 重采样算法，针对数据实例的稀缺性，生成不同的训练子集。其次，利用随机子空间生成更多的特征组合，同时，针对不同样本子集采用联合分布自适应方法解决数据不同分布问题。最后，对预测结果进行整合集成。为了验证所提模型的有效性，本章选取了一个来自中国证券市场的中小企业信用数据集进行测试和验证。为进行模型比较，采用一些传统的监督学习方法和迁移学习方法，比较本章所提出方法的有效性。

6.2　模型构建

本节提出了基于联合分布自适应的多阶段集成学习方法用于中小企业的信用风险评估。无有效训练样本信用风险分类的研究框架如图 6-1 所示。

该方法利用 Bagging 采样和随机子空间集成学习方法增加数据多样性，减少冗余特征对结果的影响。同时，采用域自适应方法，解决不同数据分布导致的建模精度不高的问题。从图 6-1 可以看出，该方法包括 Bagging 重采样、随机子空间与域自适应方法和最终集成预测三个主要阶段。由于第三阶段的集成采用多数投票形式，原理比较简单，因此下面重点介绍前两个阶段的方法。

6.2.1　Bagging 和随机子空间方法

通常，更好的预测模型和数据特征处理方法可以在信用风险分类中产生更好的预测结果，并可能减少金融机构可能的经济损失。在信用风险预测模型方面，传统数理统计模型和人工智能模型都被用于信用风险分类。虽然没有一致的结论表明哪种方法更好，但集成学习方法（如 Bagging 和随机子空间）可以集成不同模型性能，构建出增强模型。接下来对 Bagging 和随机子空间方法进行阐述。

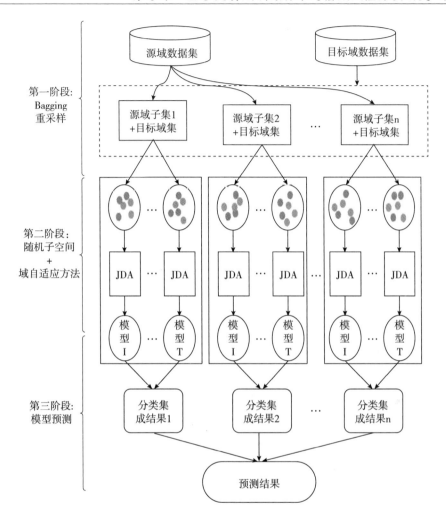

图 6-1　无有效训练样本信用风险分类的研究框架

Bagging 重采样方法对解决小数据集建模问题非常有效（Wang 和 Ma，2012）。该方法的主要目的是构建不同的数据子集并组合不同的基学习器，Bagging 的基学习器组合策略是多数投票。该策略通过集成多个弱分类器减少方差，各模型的集成结果可以显著改善模型性能，故被广泛应用于信用风险分类。Bagging 重采样用于生成不同的训练数据子集，特别适用于源数据稀缺的情况（Li 和 Yeh，2008）。由于传统预测方法中训练样本数量太少，因此本章在第一阶段采用 Bagging 方法构建更多的样本子集。

Ho（1998）提出的随机子空间（Random Subspace，RS）作为集成方法被广泛用来构造不同的特征子集。与 Bagging 算法类似，R5 的最终结果通过多数投票的组合策略进行集成。然而，子集的形成是在特征空间而不是样本空间完成的。因此，随机特征选择与基学习器的组合策略可能优于单一分类器，减少冗余或无关特征对预测性能的影响。

综上可知，Bagging 集成学习可以减少单一模型的方差，可以很好地处理小数据、冗余和无关特征对结果的影响（Wang 等，2012），Bagging 采样和随机子空间集成方法可以显著提高预测性能。因此，本章提出利用两种集成学习方法增加属性和实例的多样性，进而增强源域数据的多样性和模型的鲁棒性。然而，受到源域数据与目标域数据间的分布差异性的影响，迁移学习常被用来解决此类问题。

6.2.2 域自适应方法

联合分布自适应（Joint Distribution Adaptation，JDA）作为经典的域自适应方法被应用于各个领域（Long 等，2013）。通常，JDA 被看作是概率分布自适应的一种方法，其目的是在一个有原则的降维程序中联合适应边缘分布和条件分布。具体来说，JDA 是搜索转换矩阵 $\mathbf{A}$，使转换的源域 $P(\mathbf{A}^T\mathbf{x}_s)$ 与转换的目标域 $P(\mathbf{A}^T\mathbf{x}_t)$ 之间的距离尽可能接近，即适应边缘分布。与此同时，源域中的 $P(y_s \mid \mathbf{A}^T\mathbf{x}_s)$ 与目标域中的 $P(y_t \mid \mathbf{A}^T\mathbf{x}_t)$ 应尽可能接近，即表示为条件分布。距离表示为在 k 维嵌入中的最大平均偏差（Maximum Mean Deviation，MMD）。因此，JDA 优化自适应边缘分布的目标函数如下所示：

$$\left\| \frac{1}{n_s} \sum_{i=1}^{n_s} \mathbf{A}^T\mathbf{x}_i - \frac{1}{n_t} \sum_{j=1}^{n_t} \mathbf{A}^T\mathbf{x}_j \right\|^2 = \mathrm{tr}(\mathbf{A}^T\mathbf{X}\mathbf{M}_0\mathbf{X}^T\mathbf{A}) \tag{6-1}$$

其中，$\mathbf{M}_0$ 为 MMD 矩阵，它能够通过式（6-2）计算得到：

$$(M_0)_{ij} = \begin{cases} \dfrac{1}{n_s n_s}, & \mathbf{x}_i, \ \mathbf{x}_j \in D_s \\[2mm] \dfrac{1}{n_t n_t}, & \mathbf{x}_i, \ \mathbf{x}_j \in D_t \\[2mm] \dfrac{-1}{n_s n_t}, & \text{otherwise} \end{cases} \tag{6-2}$$

其中，n_s 和 n_t 分别表示源域和目标域中样本的数量。与此同时，核函数被引入以求解式（6-1）中的目标函数。事实上，上述方法与迁移成分分析（Transfer Component Analysis，TCA）（Pan 等，2010）相似。自适应条件分布是 JDA 的第二个目标函数：

$$\left\| \frac{1}{n_s^{(c)}} \sum_{x_i \in D_s^{(c)}} \mathbf{A}^T \mathbf{x}_i - \frac{1}{n_t^{(c)}} \sum_{x_j \in D_t^{(c)}} \mathbf{A}^T \mathbf{x}_j \right\|^2 = \mathrm{tr}(\mathbf{A}^T \mathbf{X} \mathbf{M}_c \mathbf{X}^T \mathbf{A}) \tag{6-3}$$

其中，c 是标签集 Y 中类别的数量，$D_s^{(c)}$ 和 $D_t^{(c)}$ 分别表示在源域和目标域中第 c 类样本集，$\mathbf{M}_C$ 的计算公式为：

$$(\mathbf{M}_c)_{ij} = \begin{cases} \dfrac{1}{n_s^{(c)} n_s^{(c)}}, & \mathbf{x}_i, \ \mathbf{x}_j \in D_s^{(c)} \\[2mm] \dfrac{1}{n_t^{(c)} n_t^{(c)}}, & \mathbf{x}_i, \ \mathbf{x}_j \in D_t^{(c)} \\[2mm] \dfrac{-1}{n_s^{(c)} n_t^{(c)}}, & \begin{cases} \mathbf{x}_i \in D_s^{(c)}, \ \mathbf{x}_j \in D_t^{(c)} \\ \mathbf{x}_j \in D_s^{(c)}, \ \mathbf{x}_i \in D_t^{(c)} \end{cases} \\[2mm] 0, & \text{otherwise} \end{cases} \tag{6-4}$$

由于 JDA 的主要目的是同时最小化两个域间分布的差异，从而将两个目标函数结合起来得到 JDA 优化问题：

$$\min_{\mathbf{A}^T \mathbf{X} \mathbf{H} \mathbf{X}^T \mathbf{A} = \mathbf{I}} \sum_{c=0}^{C} \mathrm{tr}(\mathbf{A}^T \mathbf{X} \mathbf{M}_c \mathbf{X}^T \mathbf{A}) + \lambda \|\mathbf{A}\|_F^2 \tag{6-5}$$

其中，λ 为正则化参数，通过式（6-5）中的 Lagrange 方法得到变换矩阵 A。之后，通过对标签进行迭代来提高预测的精度。

由于本章旨在解决受时间和贷款业务等因素的影响，训练样本和测试样本之间数据分布不同，进而产生无有效的训练样本的问题。实际上，当训练集与测试集呈现明显的数据分布差异时，传统的监督机器学习很难训练出有效的风险预测模型。因此，将 JDA 迁移学习方法用于信用风险分类。

6.2.3　多阶段集成学习模型

在 6.2.1 小节中已经介绍了 Bagging 与随机子空间具有较强的预测性能，混合两种集成方法能够增强模型的训练效率。因此，本章提出一种混合 Bagging 重采样和随机子空间方法的多阶段集成学习方法，具体如图 6-2 所示。

Algorithm 2 Multistage ensemble algorithm

1： Determine the source data and target data

2： **Input**： Source data(D_s)， Target data(D_t)

　　　　　　Base classification algorithm kNN， DT， NB

　　　　　　Ensemble size N， Subspace size T， ratio k

3： **Output**： classification results

4： **Procedure**

5：　　**For** i = 1， 2， …， N

6：　　　　D_i = Bootstrap(D_s)　　　　% Bagging resampling

7：　　　　**For** j = 1， 2， . ，， T

8：　　　　　　D_i^j = RS([D_i ， D_t]， k)　% Random subspace(RS)according to ratio k

9：　　　　　　D = JDA(D_i^j)　　　　% Joint distribution adaptation(JDA)on new datasets

10：　　　　　　H_i = Base classifier(D)　　% Conduct prediction based on classifier on D

11：　　　　**End for**

12：　　　　$H_i^{RS}(x)$ = argmax $\sum_{j=1}^{T}$ 1(y = $H_j(x)$)　% Random subspace ensemble majority voting

13：　　**End for**

14： **Output**： H(x) = argmax $\sum_{i=1}^{N}$ 1(y = $H_i^{RS}(x)$)　% Bagging resampling ensemble majority voting

---

图 6-2　多级集成算法

基于上述分析，从图 6-2 可以看出，本章所提出的方法包括 Bagging 重采样、随机子空间与域自适应方法和模型集成预测三个主要阶段。第一阶段，采用 Bagging 重采样方法将源数据划分为多个数据子集；第二阶段，对每个数据子集随机子空间上进行操作，利用 JDA 方法对数据进行转换，并结合不同的基学习器构建分类模型；第三阶段，通过多数投票的方法计算结果。

6.3　实证分析

为了验证所提出方法的有效性，本章使用一个真实的中小企业信用数据集，实验采用了不同的迁移学习方法来进行比较。

6.3.1　数据描述

为了验证本章提出的方法在中小企业信用风险评估中的效果，需要使用真实的信用数据集。为了构建符合供应链金融下的中小企业信用数据集，笔者收集了上海和深圳证券交易一些上市公司的数据，进而构建中小企业信用数据集。该信用数据集由证券交易所中小板交易所的部分上市公司数据构成，数据应满足以下三个要求：①所选中小企业具有信用度低、财务压力大等特点。②核心企业从上海证券交易所和深圳证券交易所主板选出，具有较高的信誉和经济实力。③中小企业与核心企业之间存在贸易联系，也就是说，中小企业是核心企业的供应商，或者是核心企业的买家。最终选择了 39 家上市中小企业和 6 家上市核心企业，时间跨度为 2017 年 3 月 31 日至 2018 年 12 月 31 日。在这个数据集中，企业主要来自汽车行业和石油行业，核心企业是中小企业的供应商或买家，交易量较大，本章的核心企业至少涉及四个中小企业。一些中小企业的财务数据存在严重缺失，这些样本被忽略。删除无用样本后，该数据集由300 个样本组成，分为源数据和目标数据两部分。源数据为 2017 年 3 月 31 日至12 月 31 日的数据，由 144 个样本组成；目标数据为 2018 年 3 月 31 日至 12 月31 日的数据，由 156 个样本组成，训练数据呈现无有效训练样本情况。

预测模型的指标变量如表 6-1 所示。

表 6-1　供应链金融下预测模型的指标变量

因素	序号	变量
传统中小企业因素	A1	营运资本周转率
	A2	营业利润率
	A3	中小企业资产报酬率
	A4	速动比率
	A5	现金比率
	A6	资产负债率
	A7	总资产增长率
	A8	营业收入增长率

因素	序号	变量
	A9	中小企业应收账款周转率
	A10	中小企业应收账款周转天数
	A11	核心企业与中小企业间的质物特征
	A12	行业景气度
供应链金融因素	A13	核心企业与中小企业合作程度
	A14	中小企业信用级别
	A15	核心企业信用级别
	A16	核心企业销售利润率
	A17	核心企业速动比率
	A18	核心企业总资产周转率

根据文献（Zhu 等，2019）对影响因素的讨论，初步选取 21 个变量，可分为两类：传统中小企业融资因素和供应链融资因素。为了减少多重共线性，在此数据集中删除了股本收益率、总资产收益率和流动比率 3 个指标变量。本章最终保留了 18 个指标变量。其中，A11~A15 为非财务数据，其余为财务指标。特别地，A11 代表贸易质物的特征，分为 7 个等级；A12 代表一个行业内发生的趋势，分为 7 个等级；A13 表示交易频率，分为 7 级；A14 和 A15 分别代表对中小企业信用评级和核心企业信用评级的评价，本章将其分为 7 个等级。

对于这些观察的类别标签，6 家特别处理（*ST）的公司被认为具有坏的信用，其他 33 家公司被认为具有好的信用。对于观察中缺失的值，用数值 0 进行填充。这些数据中的财务数据来源于国泰安库（https：//www. gtarsc. com/），非财务数据来源于东方财富网（https：//www. eastmoney. com/）、同花顺（http：//www. 10jqka. com. cn/）和公司信用评级评估网站（http：//www. secs. org. cn/）披露的信息。

6.3.2　评估准则与实验设计

为了比较，采用了 8 种分类算法。为了验证模型的有效性，计算了 Accuracy（ACC）、Type I 精度（Type I）和 Type Ⅱ 精度（Type Ⅱ）以及 ROC 曲线下面积（Area under the ROC Curve，AUC）。所有的实验分析都通过一台 i7-6700U 2.59 GHz 处理器和 8GB RAM 的笔记本电脑进行。这些模型的参数设计如下：kNN 的参数 k 设为 1；随机子空间大小为 10，随机子空间比为 0.5、0.6、0.7、0.8、0.9；集成规模分别为 5、10 和 20。在 JDA 中，正则化参数 λ 为 0.1，迭代次数为 20。为了验证提出的模型在不同训练数据集中的鲁棒性，每次实验进行 10 次，最终结果为 10 次实验的平均值。

6.3.3　实验结果与分析

6.3.3.1　实证结果

为了寻找合适的分类器来匹配本章所提出的中小企业信用风险分类方法，从数理统计单模型（LogR、kNN 和朴素贝叶斯（NB））、人工智能单模型（DT、SVM 和极限学习机（ELM））和集成模型（Adaboost 和 Bagging）方面来比较使用 JDA 后的性能。通常，由于时间因素，训练样本和测试样本可能存在分布差异，JDA 可以减少数据分布差异，从而提高分类算法的性能。因此，使用以上 8 个模型来验证 JDA 在这个信用数据集中的有效性，AUC 对应的结果如图 6-3 所示。

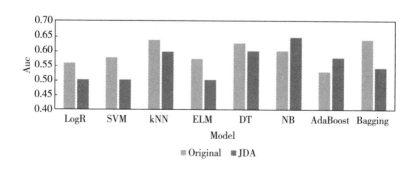

图 6-3　不同分类算法的性能对比

根据图 6-3，我们得到两个重要的结论：

首先，在未使用 JDA 时，Bagging 模型可以达到最好的效果。主要原因是

Bagging 可以构建多样的训练子集，增强了模型的鲁棒性。在单一模型中，kNN、DT 和 NB 的结果优于 LogR、SVM 和 ELM 的结果，可能的原因是上述三种模型可能出现过拟合问题。

其次，使用 JDA 后，NB 和 AdaBoost 的结果比未使用 JDA 时有显著改善。其中，NB 的效果最好。这意味着 JDA 可以减少数据分布差异并提高预测性能。总体上，kNN、DT 和 NB 模型的结果优于其他模型。从图中可以清楚地看到，LogR、SVM 和 ELM 的 AUC 为 0.5，可能的原因是这些模型不能捕获少数类的有效信息，仅能识别多数类样本。

根据以上分析，JDA 可以有效减少该信用数据集中训练样本和测试样本之间的分布差异。同时，kNN、DT 和 NB 模型均能获得较好的结果。因此，接下来实验可以使用 kNN、DT、NB 分类器进行分析。

为了比较本章所提出的模型与经典的迁移学习方法的模型预测性能，引入了迁移学习方法作为基准模型，如 TCA、JDA、基于 JDA 的 Bagging 和基于 JDA 的 RS。同时，Original 代表使用传统监督机器学习方法直接预测，即使用三个分类器直接预测。在接下来的实验中，集合大小为 5，随机子空间大小为 10，分别从 ACC 和 AUC 两方面对实验结果进行分析。需要注意的是，最好的结果在每个指标中以粗体突出显示，JDA-EL（JDA-Ensemble Learning）为本章提出的方法，具体计算结果如表 6-2 所示。

表 6-2　不同方法的性能对比

基模型 ＼ 数据集转换方法	Metrics	Original	TCA	JDA	Bagging	RS	JDA-EL
kNN	ACC	0.8462	0.8205	0.8526	0.8558	**0.8956**	0.8910
	AUC	**0.6346**	0.5559	0.5956	0.5910	0.6081	0.6134
DT	ACC	0.8654	0.7278	0.8107	0.8641	**0.8859**	0.8821
	AUC	0.6243	0.5873	0.5979	0.5937	**0.6510**	0.5912
NB	ACC	0.6346	0.7506	0.7808	0.7718	0.7577	**0.8391**
	AUC	0.5985	0.5585	0.6440	0.6282	0.6819	**0.7307**

根据表 6-2 所示，可以总结出四个结论：

（1）本章提出的三种分类器的方法在 ACC 中比其他模型更具竞争力。在 JDA-EL 方法框架下采用 NB 分类器获得最好的 AUC，这证明了本章所提出的方法适用于解决中小企业信用风险分类。

（2）对比使用迁移学习方法前后的结果，大多数迁移学习的效果优于 Original（未使用迁移学习方法）。JDA 可以获得更好的结果，可能的原因是 JDA 可以减少分布差异。TCA 不能获得更好的结果，主要原因是无监督方法不能捕获数据特征。

（3）从分类模型的角度来看，kNN 和 DT 可以获得更好的分类精度和更低的 AUC，主要原因是分类器在类别非均衡的情况下更倾向于识别好的样本。然而，NB 分类器可以获得更好的 AUC，主要原因是 NB 分类器未受到类别非均衡的影响。此外，NB 模型可以获得最好的 AUC，可能是因为属性相关性较小，因此最适合在该数据集中 JDA-EL 框架下进行信用风险分类。

（4）从集成学习方法的角度来看，Bagging 和 RS 在大多数情况下都优于 TCA 和 JDA。但是，它们的性能不如 NB 分类器，说明仅有 Bagging 和 RS 集成方法时，在构建多样化数据方面表现不够好。对比三种具有集成学习框架下的分类结果，本章提出的多级集成学习方法可以获得更好的预测性能，本章提出的方法在基于 NB 时获得较好的结果，且在 RS 上获得很好的 AUC，这说明集成方法是一种有效的建模方法。此外，从统计检验和集成规模参数也可以看出本章所提方法的有效性。

为了比较不同模型在 ACC 上的统计学意义，采用非参数 Wilcoxon 检验进行性能评价，结果如表 6-3 所示。从表 6-3 可知，首先，本章所提出方法的性能明显优于除 RS 模型外的其他模型，说明引入 RS 的集成方法可以取得显著的性能改善。虽然两种方法在 ACC 指标上没有明显差异，但本章提出的方法可以获得最高的 AUC，说明本章所提出方法的有效性。其次，基于集成框架的迁移学习方法的准确率明显优于其他单一方法，说明集成学习可以增强模型的鲁棒性。最后，基于迁移学习的 JDA 方法显著优于原方法，而 TCA 方法与原方法差异不显著。主要原因是 TCA 只关注边缘分布，而 JDA 关注条件分布和边缘分布。因此，本章提出的方法在中小企业信用风险分类中具有显著优势。

表 6-3　基于准确率的 Wilcoxon 显著性检验结果

方法	TCA	JDA	Bagging	RS	JDA-EL
Original	0.1093	0.0170 **	0.0073 ***	0.0000 ***	0.0000 ***
TCA		0.0000 ***	0.0000 ***	0.0000 ***	0.0000 ***
JDA			0.0135 **	0.0000 ***	0.0000 ***
Bagging				0.0007 ***	0.0000 ***
RS					0.2126

注：＊表示 10%的显著性水平，＊＊表示 5%的显著性水平，＊＊＊表示 1%的显著性水平。

综上所述，本章所提出的多阶段集成迁移学习可以显著提高预测性能。此外，模型中不同的参数对结果有不同的影响。因此，在接下来的实验中可以分析不同的集合大小和子空间比率。

为了检验子空间比率和集成规模对性能的影响，分别采用 0.5、0.6、0.7、0.8、0.9、5、10 和 20 进行验证，相应的计算结果如图 6-4 所示。

首先，从不同的子空间比率的角度可以看出，在 kNN 和 DT 模型中，子空间比率对四个度量的影响很小。同时，两种模型都可以得到更高的 Type Ⅱ 和更低的 Type Ⅰ，主要原因是这两种模型对类别非均衡比较敏感，对应的类别非均衡分析将在下一节中给出。然而，NB 模型在一定程度上受到属性数量的影响。特别地，当子空间比为 0.5 时，NB 模型的 ACC 和 AUC 最好。此外，很容易发现随机子空间方法可以随机选择一些特征属性，形成集成框架来帮助建模，进而提升模型的预测性能。

其次，观察不同的集成规模对结果的影响可以发现，kNN 模型、DT 模型和 NB 模型在集合规模分别为 20、10 和 20 时 AUC 最好，说明集合规模并不是越大越好。实际上，考虑 Type I 时，NB 模型在集合规模为 20 时可以显著优于其他模型。

最后，调整子空间比率和集合大小这两个参数是至关重要的。实际上，可

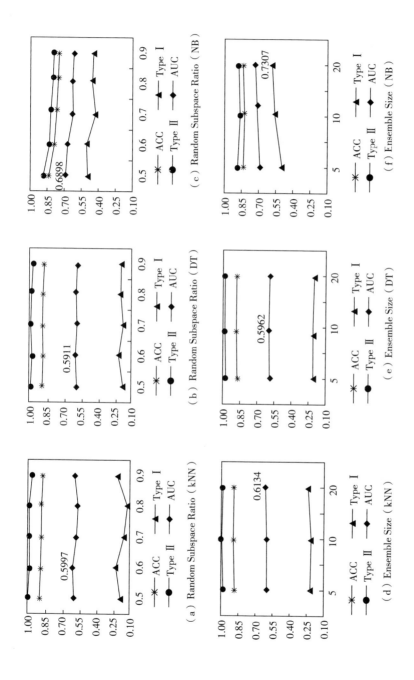

图6-4 随机子空间比率和集成规模的性能对比

以注意到，在子空间比率为 0.5、集合规模为 20 的情况下，NB 模型的效果最好。

在此实验中，为了更清晰地展示出各个特征在随机子空间步骤中出现的频率及被选择的特征，将特征进行频率统计，结果如图 6-5 所示。

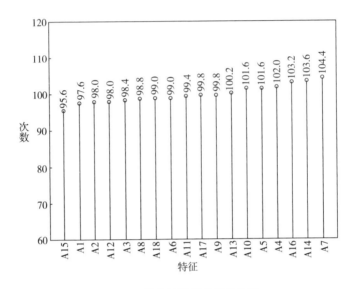

图 6-5　被选择特征的平均次数

根据图 6-5，按照子空间比率为 0.5 计算结果，观察 9 个利用率最高的特征，中小企业的财务状况的利用率较低，而供应链金融的因素的利用率较高。尤其是中小企业的速动比率、中小企业的现金比率、中小企业的总资产增长率、中小企业的应收账款周转率、中小企业应收账款周转天数、中小企业与核心企业的合作程度、中小企业信用级别、核心企业的销售利润率和核心企业的速动比率是相对有效的。在这些因素中，有六个供应链融资因素。因此，中小企业可以逐步有效地利用这些因素，选择实力较强的企业，增强企业的合作程度，以提高其融资能力。

6.3.3.2　进一步讨论

为了进一步讨论本章提出方法的预测性能，接下来进行两个实验。第一个实验：为了验证模型的鲁棒性，通过源数据和目标数据的切换构造一个新的数据集。第二个实验：通过对信贷数据的随机过采样，可以构造出不同非均衡比率的数据集。

如前所述，供应链金融条件下很难获得数据集，为了更好地调查和验证本章所提出方法在供应链金融下中小企业信用风险分类中的有效性，将源域数据与目标域数据进行调换，实验结果如表 6-4 所示。

表 6-4　不同模型的性能对比

基模型＼数据转换方法	Metrics	Original	TCA	JDA	JDA-EL
kNN	ACC	0.8194	0.8403	0.8264	**0.8773**
	AUC	**0.6226**	0.5298	0.5427	0.5863
DT	ACC	0.8681	0.8313	0.7979	**0.8868**
	AUC	0.6508	0.5498	0.5849	**0.6596**
NB	ACC	0.6042	**0.8681**	0.7556	0.8444
	AUC	0.6444	0.5669	**0.7029**	0.6581

根据表 6-4 的结果，可以得到以下两个发现：

（1）本章提出的 JDA-EL 模型在大多数情况下都能获得更好的性能，获得了最好的 AUC，且在 DT 分类器下性能最好，这表明了 JDA-EL 方法的有效性。同时，与不同的数据集变换方法相比，本章提出的方法优于 kNN 和 DT 上的单一 JDA 方法，表明集成框架下的 JDA 可以提高预测性能。对于 NB 模型，虽然所提方法的 AUC 低于 JDA，但其精度明显优于 JDA，表明本章所提方法可以作为中小企业信用风险分类的替代方案。

（2）从迁移学习方法的角度来看，TCA 的表现要弱于 JDA，说明无监督迁移成分分析方法会在结果上产生一定的偏差。同时，很容易发现 JDA 在 NB 分类器下的 AUC 优于数据未转换下的 NB 分类器，说明 NB 在迁移学习下可以获得较好的预测结果。虽然 kNN 和 DT 分类器的 AUC 比原分类器的结果要差，但在使用迁移学习时，效果会有很大的提高。此外，数据切换后的结果比未切换的结果差，可能的原因是时间变化改变了数据的结构，这也表明迁移学习方法可以有效地解决数据分布差异的问题。

如前所述，数据特征对结果有一定的影响，使模型的 Type Ⅰ 变得很低。

因此，为了尝试解决类别非均衡问题，我们采用不同的随机过采样率来分析在
NB 模型下哪个比例能够获得最佳性能。在接下来的实验中，基于 NB 分类器
进行实验，与之前的实验设计相同。在本实验中，WS 表示没有采样，ROS 表
示随机过采样，Proposed 表示本章提出的 JDA-EL 模型。另外，将非均衡比率
（Imbalance Ratio，IR）定义为多数样本数与少数样本数的比值。根据上述实
验设计，结果如图 6-6 所示。

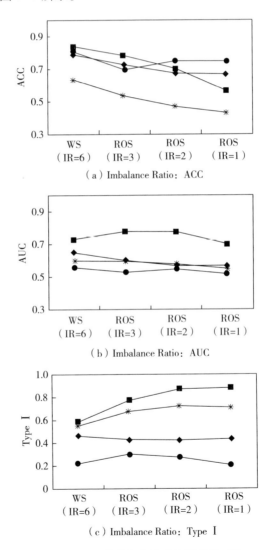

图 6-6　不同的非均衡比率下的性能对比

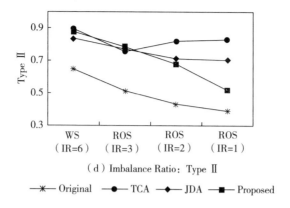

（d）Imbalance Ratio：Type Ⅱ

—※— Original　—●— TCA　—◆— JDA　—■— Proposed

图 6-6　不同的非均衡比率下的性能对比（续）

根据图 6-6 可以得出以下三个重要结论：

（1）如图 6-6 所示，对于 AUC 评估指标的变化，在 IR 为 2 时模型具有最好的结果，而均衡的训练样本（即 IR 为 1）未能使模型获得最优性能，表明在中小企业信用风险分类中，合适的 IR 值可以使模型获得更好的性能。

（2）从 IR 变化的角度来看，当 IR 逐渐减小、数据逐渐类别均衡时，本章所提方法的 AUC 先增加后减少，Type Ⅰ 和 Type Ⅱ 朝相反方向变化，Type Ⅰ 逐渐增加，Type Ⅱ 和 ACC 逐渐减少。结果表明，过采样使模型结果产生较大的变化，且过采样可能产生过拟合，因此，类别非均衡问题值得深入研究。

（3）对比其他方法，传统监督学习方法下 Type Ⅰ 的值增加，说明 Original 也会受到过采样的影响。但 TCA 和 JDA 受影响较小，当数据逐渐均衡时，AUC 值逐渐减小，这可能是因为这两种方法在类别均衡数据集的情况下获得了更好的预测结果。

综上所述，本章提出的方法可以提高中小企业信用风险预测性能。利用过采样技术对类别非均衡数据进行处理，可以进一步提高模型的性能，使金融机构减少可能的经济损失。可见，本章提出的方法对中小企业信用风险分类具有一定帮助。

6.4　本章小结

受时间和贷款业务等因素的影响，训练样本和测试样本间的数据分布是不同的。为减少数据分布差异，本章提出了一种适用于中小企业信用风险分类的联合分布自适应多阶段集成学习方法，该方法采用 Bagging 重采样和随机子空间作为集成学习组件，进而增强模型的鲁棒性，采用 JDA 算法减少数据跨域分布差异。

在中小企业的数据集中进行实证分析，实验结果证明，该方法优于无迁移学习方法、TCA 方法和 JDA 方法。结果表明，该方法能有效地提高预测性能，解决信用风险分类中的样本稀缺和数据分布差异的问题。

然而，本章只研究了少量源域数据，而对于大量的源域数据，如何从源域样本中选择有效的训练样本是值得进一步研究的方向，我们将在下一章重点讨论这个问题。

第7章 基于非均衡性小样本的
信用风险分类研究

第6章讨论了类别非均衡对预测性能的影响，当非均衡性与小样本数据特征同时存在时，会加大建模难度，特别是在有大量辅助数据的情况下，数据分布的差异也会影响模型的预测性能。为此，本章提出了一种基于改进 TrAda-Boost 方法和聚类重采样的集成学习模型，用于解决非均衡性小样本的信用风险分类问题。7.1 节介绍问题背景；7.2 节为模型构建；7.3 节为实证分析；7.4 节总结本章的内容。

7.1　问题背景

在分析第6章的实验结果时发现，非均衡性数据特征影响模型的预测性能，当小样本数据特征与非均衡性同时存在时会加大小样本建模难度。因此，本章将主要研究具有小样本与类别非均衡性（即非均衡性）数据特征同时存在时的信用风险分类问题。

小样本信用风险分类问题常出现在金融机构开展新的信贷产品或者停滞的信贷业务重启情形中，此时无有效的训练样本，即本书认为的小样本的特例，从机器学习的角度来看，利用小样本很难训练出有效的预测模型。为此，一些解决方案常从数据域和算法域的角度来解决此类问题。通常，数据域是指增加虚拟样本来扩增训练样本的容量，第 3 章、第 4 章和第 5 章已经采用了此方法。而算法域是指通过样本的权重调整等形式来增强模型的训练效力。如在现实情境中，若存在辅助数据，通常采用迁移学习的方法解决小样本问题，第 6 章和本章采用此方法。

当仅存在小样本状态，即没有辅助数据时，虚拟样本生成是最为有效的数据增强技术。然而，当存在辅助数据时，迁移学习是解决小样本问题的有效方法。迁移学习方法可以适当缓解传统机器学习中训练样本和测试样本独立且同分布的限制（Kotsiantis，2007）。事实上，迁移学习方法已在多个领域得到应用（Lu 等，2015）。在信用风险分类中，选择迁移学习方法可以用来解决训练样本不足和分布差异的问题，从而提高信用风险分类的精度。例如，Yan 等（2018）提出了基于改进粒子群优化算法特征选择的改进 TrAdaBoost 算法，用于有限样本下的跨域场景分类，结果表明，基于改进的粒子群优化算法的改进 TrAdaBoost 算法可以获得最优特征子空间，提高分类精度。

对于信用风险分类中的类别非均衡问题，常用的解决方法可以分为算法层和数据层两类。算法层面的方法试图调整分类算法，以强调对少数类的学习。然而，这些算法的计算性能与设计的参数有关，如误分类代价和决策阈值等，这些内容将增加模型复杂性。对于数据层，使用欠采样、过采样和混合采样技术平衡数据的类别分布，这些技术更易实现，因此被学者广泛研究。这些技术包括基于聚类的欠采样、基于邻域的欠采样、基于随机游走过采样、基于分布的技术和基于插值的技术等。

在现有研究中，研究者多从小样本和非均衡性的角度对信用风险分类问题进行研究。然而，已有研究较少探究小样本与非均衡性数据特征同时存在的情形。Wasikowski 和 Chen（2009）针对非均衡性问题使用了各种采样技术和特征选择方法。实证结果表明，信噪比相关系数特征选择方法在两个综合指标上都能取得较好的效果。然而，上述文献最大的发现是特征选择有助于解决高维非均衡数据集问题，对于小样本，重采样并没有提高预测性能。事实上，如果有大量的源数据，将有助于小样本建模。除了上述数据特征问题外，信贷数据集容易因时间或贷款业务因素而导致分布不同，如现金贷与信用贷业务产生的数据集。在小样本且类别非均衡的情况下，有关迁移学习方法的研究较少。因此，本章将采用重采样和迁移学习方法来处理小样本和类别非均衡的问题并进行信用风险分类。

总体来说，本章提出基于改进的 TrAdaBoost（MTrAdaBoost）方法和聚类重采样的集成学习模型，主要包括数据生成和 MTrAdaBoost 模型预测两个阶段（Zhang 等，2024）。在第一阶段，新数据集的生成由两部分组成，一是利用 kNN 对源域进行聚类重采样，减少数据分布差异，利用 SMOTE 算法解决小样本中的类别非均衡问题；二是为了平衡新数据集，对少数类样本进行 Bagging重采样。在第二阶段，主要采用 MTrAdaBoost（Modified TrAdaBoost）算法构建模型，提高模型的预测能力，最终采用多数投票集成提高模型的有效性和鲁棒性。为了验证的目的，使用两个非均衡性小样本数据集进行测试和验证。在实验中，采用了六种分类算法进行模型对比且分析了最近邻数数量对结果的影响。同时，利用统计显著性检验验证了该方法的有效性。

7.2　模型构建

本章提出一种基于改进 TrAdaBoost 算法和聚类重采样的集成学习模型，用于非均衡性小样本信用风险分类。该方法采用重采样集成学习模型，可以产生多个相似于小样本数据集的新数据集，基于实例迁移的 MTrAdaBoost 算法可以训练出高效的模型。图 7-1 给出了非均衡性小样本信用风险分类的研究框架。

从图 7-1 可以看出，本章所提出的方法包括数据生成和模型预测两个主要阶段。第一阶段的主要目的是减小源数据和目标数据之间的数据分布差异。生成的新数据集由两部分构成：第一部分根据源域的 kNN 聚类重采样形成，第二部分是对少数类样本进行 Bagging 重采样。第二阶段的主要目的是解决小样本和类别非均衡的问题，主要采用 MTrAdaBoost 算法构建分类模型，最终的预

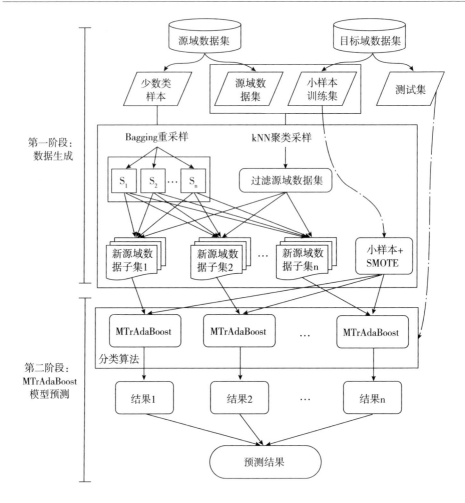

图 7-1　非均衡性小样本信用风险分类的研究框架

测结果通过多数投票得到。为了进一步说明，接下来对数据生成与模型预测两个阶段进行详细阐述。

7.2.1　数据生成

如前所述，在第一阶段可以生成多个相似于小样本的新源数据集。有效的源域数据过滤方法有助于更好地训练模型，避免负迁移。因此，一种有效的过滤方法是值得开发的。本章采用 kNN 聚类重采样的方法，对不同于小样本的样本进行过滤。随后，采用 Bagging 重采样方法均衡过滤后的源数据类分布。下面将对 kNN 聚类和 Bagging 重采样进行描述。

7.2.1.1　kNN 聚类重采样

通常情况下，当源域样本较多时，需要过滤源域数据中的噪声数据，一种有效的噪声数据过滤方法对于构建更好的模型和避免负迁移非常重要。事实上，一些聚类方法已经被应用，如 k-means 聚类。但是小样本数据信息非常重要，源数据的 k-means 聚类结果可能存在数据分布偏差。因此，本章提出了以小样本为中心，选取与小样本相似的样本的 kNN 聚类重采样方法。本章同时采用了三种相似度度量，可以有效地避免单一相似度度量导致的样本偏差。混合数据集的具体生成过程如图 7-2 所示。

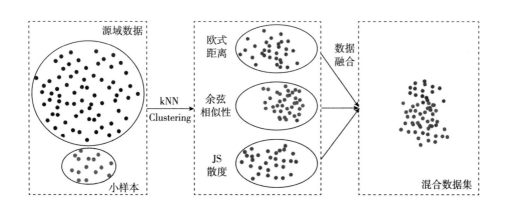

图 7-2　混合数据集的生成过程

从图 7-2 可以看出，为了充分反映源域数据（Source Data）与小样本（Small Sample）之间的相似性，采用基于距离、向量和分布的相似性度量，形成混合数据集。这三种度量方法分别是欧氏距离（Euclidean Distance）、余弦相似性（Cosine Similarity）和 Jensen Shannon（JS）散度。给定二维向量 P 和 Q，它们之间的欧氏距离、余弦相似度和 JS 散度分别表示为：

$$d_{Euc} = \sqrt{\sum_{i=1}^{d} |P_i - Q_i|^2} \tag{7-1}$$

$$s_{Cos} = \frac{\sum\limits_{i=1}^{d} P_i Q_i}{\sqrt{\sum\limits_{i=1}^{d} P_i^2} \sqrt{\sum\limits_{i=1}^{d} Q_i^2}} \tag{7-2}$$

$$d_{JS} = \frac{1}{2} \left[\sum\limits_{i=1}^{d} P_i \ln\left(\frac{2P_i}{P_i + Q_i}\right) + \sum\limits_{i=1}^{d} Q_i \ln\left(\frac{2Q_i}{P_i + Q_i}\right) \right] \tag{7-3}$$

事实上，从距离的角度来看，欧氏距离（Cha，2007）是计算两个样本之间相似度最常用的度量方法，值越小表示越接近。从向量空间的角度来看，余弦相似度（Ye，2011）有一个特殊的性质，使它适合度量学习，两个向量之间的相似度总是在 -1~1，数值的绝对值越大，两个向量越相似。从数据分布的角度来看，JS 散度（Lee，1999）可以用来表示两种概率分布的差值，基于熵理论计算 JS 散度，克服了不对称 kullbak-leibler 散度的问题。两个样本之间的相似度总是在 0~1。数值越小，两个样本越相似。因此，我们采用这三种方法来计算样本的相似度。

由于非均衡性数据会使模型产生较差的性能，在现有的数据集中存在两个非均性衡的问题，其相应的解决方法为：第一，类别非均衡的小样本的处理，使用 SMOTE 技术均衡小样本；第二，混合数据集可能是非均衡的，采用 Bagging 重采样方法来解决混合数据集中类别非均衡的问题，这将在下一节中介绍。

7.2.1.2 Bagging 重采样

事实上，使用 Bagging 重采样有两个优点：一是增加少数类样本的多样性，避免少数类样本中个别样本对预测模型的影响；二是集成的多样性增强了模型的鲁棒性。Bagging 重采样方法是解决小数据集建模问题的有效方法，该方法的主要目的是构建不同的数据子集并组合不同的基学习器，Bagging 的基学习器组合策略是多数投票。该策略与基学习器生成策略相结合可以减少方差，多种模型的集成结果可以使模型性能显著提高，因此在信用风险分类中得到广泛应用。针对源数据为稀缺性的情况，可采用 Bagging 重采样方法生成不同的训练数据子集。由于传统预测方法中训练样本数量太少，因而可采用 Bagging 重采样的方法来均衡源域少数类样本的混合数据集。

如前所述，本章使用 kNN 聚类重采样过滤源域数据，采用 Bagging 重采样方法均衡源域数据，对小样本数据进行 SMOTE。虽然新源数据经过第一阶段的过滤，但仍可能存在分布差异和噪声数据，从而影响预测结果。因此在第二阶段，为了更好地实现基于实例的迁移能力，我们采用了 MTrAdaBoost 作为训练模型，下一节将介绍 MTrAdaBoost 模型在预测方面的应用。

7.2.2 MTrAdaBoost 模型预测

从数据生成结果来看，通过重采样方法生成新的源数据集，数据分布差异可能仍然存在。为了进一步增强模型的预测性能，本章采用了基于实例迁移的 MTrAdaBoost 算法。事实上，TrAdaBoost（Transfer AdaBoost）算法是由 Dai 等（2007）提出的，他们对 TrAdaBoost 算法有详细的描述。TrAdaBoost 的目的是解决源域数据和目标域数据在分布上的差异。由于某些源域数据可能会影响预测性能，TrAdaBoost 可以进行基于实例的迁移，训练出更好的预测模型（Zheng 等，2020）。然而，TrAdaBoost 也存在很多缺点，如权重不匹配、忽略了集成的前半部分、源域权值的快速收敛。为此，本章针对小样本问题提出了 MTrAdaBoost 算法，图 7-3 给出了相应的伪代码，相应的修改内容主要有以下三个方面：

首先，当源数据的规模远远大于目标数据的规模时，TrAdaBoost 中迭代次数的设置会影响权重的计算，产生偏差。因此，本章采用第一阶段的重采样集成学习方法解决权值不匹配问题。同时，源域与目标域之间的样本数比例设置适当时，可以有效地减少交叉域不匹配的问题。此外，目标数据中的类别非平衡会导致初始权重不匹配，将 SMOTE 用于小样本中的主要目的是解决类别非均衡的小样本中的权重不匹配问题。

其次，在 TrAdaBoost 算法中，只考虑迭代过程的后半部分的分类器，虽然这些分类器可以增强对错分类样本的学习，但可能忽略了全局最优的分类器。本章考虑所有的分类器性能，最终选择所有分类器中训练能力最好的一个。最优性能的判断是在过采样后的小样本中找到 Kolmogorov-Smirnov（KS）值最优的模型。KS 用于衡量非均衡数据的预测性能（He 等，2018），KS 值越大，分类算法的性能越好。同时，考虑模型迭代期间源域数据量的影响，一些权重较低的样本将被逐渐删除，最后删除了 20% 的样本，这些样本可能对预测性能产生负面影响。

Algorithm 3 MTrAdaBoost algorithm

Generate new dataset D_s according to resampling ensemble framework

Balance small sample D_t through SMOTE

Input: Source data(new dataset) D_s, Target data(small sample) D_t,

a base learner DT and the maximum number of iterations N,

the number of instances in the source domain and target domain N_s and N_t,

the initial weight vector $\mathbf{W} = (w_1, w_2, \cdots, w_{N_s+N_t})$.

Output: The optimal prediction results in the target domain testing set.

$$h_f(x) = \begin{cases} 1, & \prod_{t=\lceil N/2 \rceil}^{N} \beta_t^{-h_t(x)} \geq \prod_{t=\lceil N/2 \rceil}^{N} \beta_t^{-\frac{1}{2}} \\ 0, & \text{otherwise} \end{cases}$$

For $j = 1, 2, \cdots, N$

    1) Calculate the weight

$$\mathbf{P}_j = \frac{\mathbf{W}^j}{\sum_{i=1}^{N_s+N_t} w_i^j}$$

    2) Train a base learner DT and the corresponding prediction result h_j and evaluation indicator KS_j on D_t.

    3) Calculate the error of h_j on D_t

$$\varepsilon_j = \sum_{i=N_s+1}^{N_s+N_t} \frac{w_i^t \cdot |h_j(x_i) - c(x_i)|}{\sum_{i=N_s+1}^{N_s+N_t} w_i^j}$$

    where $0 \leq \varepsilon_j \leq 0.5$.

    4) Calculate

$$\beta_j = \varepsilon_j / (1 - \varepsilon_j) \text{ and } \beta = 1 / (1 + \sqrt{2\ln N_s / N})$$

    5) Update the weight

$$w_i^{j+1} = \begin{cases} C^j w_i^j \beta^{|h_j(x_i)-c(x_i)|}, & 1 \leq i \leq N_s \\ w_i^j \beta_j^{-|h_j(x_i)-c(x_i)|}, & N_s \leq i \leq N_s+N_t \end{cases}$$

    where $C^j = 2(1 - \varepsilon_j)$

    6) Remove samples from source data according to

$$N_s = N_s - 0.2 \cdot N_s / N$$

    7) Save the optimal KS_o.

    8) If $j > N$, then the iteration ends.

图 7-3 MTrAdaBoost 算法

最后，为解决源数据权值快速收敛问题，利用 $C^j = 2(1-\varepsilon_j)$（Zhang 等，2014）修正因子对源实例权值进行更新，其中，ε_j 代表第 j 次迭代时目标数据的分类误差。修正因子可以避免源数据权值的漂移，且可以保持目标数据权值的收敛速度。

通常，数据特征驱动建模方法在信用风险分类中发挥着重要作用。对于类别非均衡的小样本信用分类，除了 MTrAdaBoost 算法外，还使用了六个分类器来比较基于重采样集成学习的新数据集的预测性能。这些分类算法是信用风险分类中应用最广泛的机器学习方法。本章将分类算法分为传统数理统计单分类器（即 LogR）、人工智能单分类器（即 ANN 和 DT）和集成分类器（即 Ada-Boost、RF 和 XGBoost）。

7.3　实证分析

为了验证所提方法的有效性，我们使用了两个非均衡性小样本信用数据集。本节对不同的混合数据集和不同的模型进行比较和分析，对 kNN 聚类重采样中最近邻 k 的敏感性分析进行分析，且进行统计显著性检验。

7.3.1　数据描述

考虑到源域与目标域之间的数据分布差异，以及基于分布差异的小样本和类别非均衡的数据特征。本章基于上述两个因素选取了两个经典的信用数据集：Lending Club 信贷数据集和前海信贷数据集，接下来进行详细描述。

Lending Club 原始信贷数据集取自 Lending Club 网站（https：//www.lendingclubcom/info/download-data. action），该数据集逐渐被广泛研究。由于数据的可用性，该数据集由 2007~2011 年的 42538 条观测数据组成，共有 144 个特征属性。对于原始数据集的清理，首先采用与文献（Yu 和 Zhang，2021）相同的特征工程，主要包括缺失数据的删除和插值以及虚拟变量编码。

Loan_status 为贷款状态表示类别标签，0 表示未违约（即好的信用），1 表示违约（即坏的信用）。其次在构建数据集时，提取 2007～2010 年的源数据，源数据由 16280 个样本组成——好的信用样本 14267 个和坏的信用样本 2013 个，每个样本含有 20 个特征属性。而对于目标域数据，从 2011 年的数据中以 1/10 的比例进行提取，目标域数据由 2021 个观测数据组成——好的信用样本 1711 个和坏的信用样本 310 个，每个样本有 20 个特征属性。对数据进行划分时，从目标域数据中随机选取 30 个样本作为小样本——好的信用样本 24 个和坏的信用样本 6 个。剩下的样本是目标测试集，由 1991 个样本组成——好的信用样本 1687 个和坏的信用样本 304 个。其中，在小样本中，非均衡比率为 4（24/6），训练集数据呈现非均衡小样本特征。

前海信贷数据集来源于国内公开的 Kesci 数据竞赛。这个数据集包含一个成熟的信贷产品 A 和一个新的信贷产品 B 的数据，成熟的信贷产品数据为源数据，由 40000 个样本组成——34865 个好的信用样本和 5135 个坏的信用样本，每个样本有 489 个特征属性。信贷产品 B 的数据为目标域数据，由 4000 个样本组成——3719 个好的信用样本和 281 个坏的信用样本，每个样本含有 489 个特征属性。具体说明请参见 Kesci 网（https：//www.kesci.com/mw/project/59ca5ff521100106623f3db3/dataset）。为了便于数据的后期实验，对原始数据使用特征工程技术，主要包括缺失值的删除、缺失值的众数插值和基于随机森林（RF）的特征选择。源数据由 25064 个样本组成——好的信用样本 21811 个和坏的信用样本 3253 个，每个样本有 78 个特征属性。目标域数据由 1515 个样本组成——好的信用样本 1432 个和坏的信用样本 83 个，每个样本含有 78 个特征属性。对数据进行划分时，从目标域数据中随机抽取 30 个样本作为小样本，小样本由 30 个观测值组成——好的信用样本 28 个和坏的信用样本 2 个。剩下的样本是目标域测试集，测试数据包括 1485 个样本——好的信用样本 1403 个和坏的信用样本 81 个。其中，小样本中非均衡比率为 14（28/2），训练集数据呈现非均衡小样本特征。

7.3.2　评估准则与实验设计

为了比较，我们采用了 LogR、ANN、DT、AdaBoost、RF、XGBoost、

MTrAdaBoost 七种分类算法。为了验证提出的模型的有效性，采用前文类似的评价指标：Type Ⅰ accuracy（Type Ⅰ）、Type Ⅱ accuracy（Type Ⅱ）、ROC 曲线下面积（AUC）和 G-mean。

所有的实验分析都通过一台搭载核心 i7-6700U 2.59 GHz 处理器和 8GB RAM 的笔记本电脑在 Python 3.7 中进行。这些模型参数设计如下：AdaBoost 和 RF 由 100 棵决策树组成，在 ANN 中隐含层数为 $2\times Num_{feature}-1$；对于本章所提出的重采样集成学习模型，集成大小为 20，TrAdaBoost 和 MTrAdaBoost 的迭代次数设置为 50。同时，所有数据在建模之前都经过了标准化处理。为了验证本章所提模型在不同训练数据集中的鲁棒性，每次实验进行 20 次，最终的结果是 20 次实验的平均值。

为了进一步检验改进后的重采样方法和分类算法是否具有显著的改进效果，针对重采样方法和分类模型分别进行显著性检验。具体来说，本章采用配对 t 检验对不同重采样后的新数据集的差异性进行检验，采用 Friedman 检验验证分类算法性能间的显著性。

7.3.3 实验结果与分析

根据前一小节的实验设计，基于 Lending Club 数据集和前海信贷数据集验证所提方法的有效性。在本节中，对 Lending Club 数据集和前海信贷数据集进行结果分析，对参数的敏感性和统计检验进行了分析。

7.3.3.1 实验 1：Lending Club 数据集

根据前文的数据集描述和实验设计，从数据集构建和分类算法两个角度构建了一些算法。从数据集构建的角度出发，采用了小样本（SS）、小样本过采样（SSO）、混合源数据与小样本（SSS）、混合源数据与小样本后过采样（SS-SO）以及 kNN 聚类重采样方法（PM）。从分类算法的角度出发，运用一些常用的信用风险分类模型，如传统数理统计的单分类器（即 LogR）、人工智能单分类器（即 ANN、DT）和人工智能集成分类器（即 AdaBoost、RF 和 XG-Boost）。表 7-1 中报告了不同分类器和数据集下 G-mean、AUC、Type Ⅰ 和 Type Ⅱ 的结果，在表中，最好的结果用粗体突出显示。

表 7-1　基于 Lending Club 数据集的性能对比

Dataset \ Model		LogR	ANN	DT	AdaBoost	RF	XGBoost	MTrAdaBoost
G-mean	SS	0.3951	0.4143	0.4237	0.4083	0.2912	0.2243	—
	SSO	0.4435	0.4236	0.4533	0.4170	0.3801	0.3629	
	SSS	$0.1514^{(7)}$	$0.2775^{(4)}$	$0.4377^{(3)}$	$0.4446^{(2)}$	$0.1706^{(6)}$	$0.2769^{(5)}$	$0.4812^{(1)}$
	SSSO	$\textbf{0.6409}^{(1)}$	$\textbf{0.5627}^{(2)}$	$0.5038^{(3)}$	$0.5000^{(4)}$	$0.2782^{(7)}$	$0.3219^{(6)}$	$0.4818^{(5)}$
	PM-N10	$0.6068^{(2)}$	$0.5253^{(7)}$	$\textbf{0.5967}^{(3)}$	$\textbf{0.5861}^{(4)}$	$\textbf{0.5729}^{(5)}$	$\textbf{0.5687}^{(6)}$	$\underline{\textbf{0.6620}}^{(1)}$
AUC	SS	0.5350	0.5335	0.5249	0.5156	0.5219	0.5047	
	SSO	0.5332	0.5385	0.5254	0.5164	0.5269	0.5169	
	SSS	$0.5100^{(6)}$	$0.5273^{(4)}$	$0.5386^{(3)}$	$0.5400^{(2)}$	$0.5065^{(7)}$	$0.5252^{(5)}$	$0.5681^{(1)}$
	SSSO	$\textbf{0.6449}^{(1)}$	$\textbf{0.5820}^{(2)}$	$0.5518^{(4)}$	$0.5465^{(5)}$	$0.5270^{(7)}$	$0.5328^{(6)}$	$0.5690^{(3)}$
	PM-N10	$0.6183^{(2)}$	$0.5452^{(7)}$	$\textbf{0.5975}^{(3)}$	$\textbf{0.5871}^{(4)}$	$\textbf{0.5841}^{(5)}$	$\textbf{0.5692}^{(6)}$	$\underline{\textbf{0.6627}}^{(1)}$
Type Ⅰ	SS	0.7855	0.1974	0.2151	0.2007	0.0888	0.0526	—
	SSO	0.7368	0.2061	0.2597	0.2118	0.1620	0.1488	—
	SSS	$\textbf{0.8483}^{(1)}$	$0.0789^{(5)}$	$0.2248^{(4)}$	$0.2336^{(3)}$	$0.0296^{(6)}$	$0.0789^{(5)}$	$0.2661^{(2)}$
	SSSO	$0.5953^{(1)}$	$0.4334^{(2)}$	$0.3266^{(3)}$	$0.3260^{(4)}$	$0.0794^{(7)}$	$0.1082^{(6)}$	$0.2663^{(5)}$
	PM-N10	$0.5359^{(6)}$	$\textbf{0.6908}^{(2)}$	$\textbf{0.6283}^{(3)}$	$\textbf{0.6217}^{(4)}$	$\textbf{0.4704}^{(7)}$	$\textbf{0.5461}^{(5)}$	$\underline{\textbf{0.6933}}^{(1)}$
Type Ⅱ	SS	0.2845	0.8696	0.8347	0.8305	0.9550	0.9568	
	SSO	0.3296	0.8709	0.7911	0.8210	0.8918	0.8850	—
	SSS	$0.1717^{(7)}$	$\textbf{0.9757}^{(2)}$	$\textbf{0.8524}^{(5)}$	$\textbf{0.8464}^{(6)}$	$\underline{\textbf{0.9834}}^{(1)}$	$\textbf{0.9715}^{(3)}$	$0.8701^{(4)}$
	SSSO	$0.6945^{(7)}$	$0.7306^{(6)}$	$0.7770^{(4)}$	$0.7670^{(5)}$	$0.9746^{(1)}$	$0.9574^{(2)}$	$\textbf{0.8717}^{(3)}$
	PM-N10	$\textbf{0.7007}^{(1)}$	$0.3996^{(7)}$	$0.5667^{(5)}$	$0.5525^{(6)}$	$0.6978^{(2)}$	$0.5923^{(4)}$	$0.6321^{(3)}$

注：粗体部分表示每个模型中最好的结果，括号中的数字表示每个数据集下模型结果的排序。

根据表 7-1 可以总结出以下三点：

（1）总体上看，PM-N10 结合 MTrAdaBoost 的模型（PM-N10-M）在 G-mean、AUC 和 Type Ⅰ方面都得到了最优的结果，与 SS 建模相比，不同模型的结果均得到提升。这说明该方法能有效提高类别非均衡小样本信用风险分类能力。原因主要体现在两个方面：一方面，在数据生成阶段可以选择一些有效的样本；另一方面，MTrAdaBoost 可以通过基于实例的迁移构造一个有效的分类模型。

（2）在分类算法方面，MTrAdaBoost 表现最好，其后是 LogR、DT、Ada-

Boost、RF 和 XGBoost，ANN 表现最差。主要原因是在建模时，来自源域的一些样本是噪声数据，而 MTrAdaBoost 通过对样本进行过滤可以更好地训练出有效的模型。此外，LogR 和 DT 的性能相对较好。ANN 的性能在 PM-N10 中最差，这可能是因为 ANN 的非线性处理能力只适用于大样本，在相对较小的训练数据中经常会遇到局部极小问题。

（3）从数据集构建的角度来看，可以得到四个重要的发现：①SS 在 G-mean、AUC、Type Ⅰ 和 Type Ⅱ 方面并不能获得更好的结果，同时，在集成分类器上出现过拟合现象。②SSO 的性能在大多数情况下都优于 SS，这说明过采样技术可以提高预测性能。然而，SSO 仍然没有获得良好的性能，说明训练样本的数量对模型的构建有很大的影响。③相较于 SS，SSS 的预测性能得到显著改善，表明源域数据对 SS 建模非常有用。但从总体上来看，G-mean、AUC、Type Ⅰ 结果仍然很差，可能的原因在于数据集仍有类别非均衡的特征。④PM-N10 的性能在大多数情况下都优于 SS、SSO、SSS 和 SSSO 三个指标的结果，特别是结合 MTrAdaBoost 算法获得了最优的分类性能。这说明本章提出的 kNN 聚类重采样和 Bagging 集成方法可以增强模型的鲁棒性。

7.3.3.2　实验 2：前海信贷数据集

前海信贷数据集（Qianhai）由不同贷款业务的数据构成，贷款业务的不同会导致数据分布差异。该数据集由一个成熟的信用产品 A 和一个新的信用产品 B 的数据组成。同样，根据前节的设计和数据划分，利用该数据集对类别非均衡的小样本信用风险进行分类。根据上述设置和比较方法，本节采用了 SS、SSO、SSS、SSSO 和 PM-N10 五种数据集构建方法。同时，采用 LogR、ANN、DT、AdaBoost、RF、XGBoost、MTrAdaBoost 七个模型进行信用风险分类，具体实证结果如表 7-2 所示。

表 7-2　基于前海信贷数据集的性能对比

Model \ Dataset		LogR	ANN	DT	AdaBoost	RF	XGBoost	MTrAdaBoost
G-mean	SS	0.1890	0.1876	0.2751	0.3393	0.0000	0.0000	—
	SSO	0.2138	0.1941	0.3261	0.4130	0.1545	0.1859	—

Dataset	Model	LogR	ANN	DT	AdaBoost	RF	XGBoost	MTrAdaBoost
G-mean	SSS	0.2639(6)	**0.4766**(1)	0.4251(3)	0.4558(2)	0.0000(7)	0.3218(5)	0.4054(4)
	SSSO	**0.5175**(1)	0.4386(2)	0.4344(3)	0.4127(5)	0.1434(7)	0.3513(6)	0.4336(4)
	PM-N10	0.4084(7)	0.4298(5)	**0.5172**(2)	**0.4774**(3)	**0.4098**(6)	**0.4535**(4)	**0.5521**(1)
AUC	SS	0.5011	0.4939	0.4958	0.5279	0.4993	0.5000	—
	SSO	0.4873	0.4896	0.5019	**0.5470**	0.4956	0.4932	—
	SSS	0.5068(5)	**0.5420**(1)	0.5129(4)	0.5303(2)	0.4950(7)	**0.5217**(3)	0.4964(6)
	SSSO	**0.5626**(1)	0.4904(7)	0.5030(4)	0.4959(6)	**0.5002**(5)	0.5106(3)	0.5180(2)
	PM-N10	0.4727(6)	0.4483(7)	**0.5321**(2)	0.5086(3)	0.4752(5)	0.5042(4)	**0.5550**(1)
Type Ⅰ	SS	0.0370	0.0370	0.0833	0.1235	0.0000	0.0000	—
	SSO	0.0494	0.0401	0.1204	0.1883	0.0247	0.0364	—
	SSS	0.0741(6)	0.2840(1)	0.2259(3)	0.2593(2)	0.0000(7)	0.1111(5)	0.2099(4)
	SSSO	**0.7833**(1)	0.2710(2)	0.2494(3)	0.2210(5)	0.0210(7)	0.1401(6)	0.2346(4)
	PM-N10	0.2346(6)	**0.3210**(4)	**0.4074**(2)	**0.3333**(3)	**0.2346**(6)	**0.2840**(5)	**0.4988**(1)
Type Ⅱ	SS	**0.9652**	**0.9508**	**0.9083**	**0.9323**	**0.9986**	**1.0000**	—
	SSO	0.9252	0.9391	0.8834	0.9057	0.9665	0.9500	—
	SSS	0.9395(2)	0.8000(5)	0.7999(6)	0.8013(4)	0.9900(1)	0.9323(3)	0.7829(7)
	SSSO	0.3419(7)	0.7098(6)	0.7566(5)	0.7708(4)	0.9794(1)	0.8811(2)	**0.8014**(3)
	PM-N10	0.7108(3)	0.5756(7)	0.6568(5)	0.6839(4)	0.7158(2)	0.7244(1)	0.6112(6)

注：粗体部分表示每个模型中最好的结果，括号中的数字表示每个数据集下模型结果的排序。

根据表 7-2 可以发现四个重要的结论：

（1）对于四个评价标准，在 G-mean 方面 PM-N10 结合 MTrAdaBoost 的效果最好，在 AUC 和 Type Ⅰ 方面 LogR 的效果最好。如果计算总精度（（81×Type Ⅰ+1403×Type Ⅱ）/1484），可以发现 LogR 的总精度为 0.3660，MTrAda-Boost 的总精度为 0.6051，这表明 MTrAdaBoost 模型更加可靠和高效。因此，本章提出的 MTrAdaBoost 重采样集成学习可以训练出有效的小样本信用风险分类模型。主要原因有三个方面：①本章所提出的重采样集成学习模型可以构建比 SSSO 更好的训练样本集，提高模型训练效率。②盲目地过采样会使 LogR

在建模时容易识别出过多的坏样本，而忽略好样本的信息。③MTrAdaBoost 以样本加权的方式重用有效样本，以提高分类建模能力。

（2）对于分类模型，当观察括号中的排序结果时，可以从迁移学习（即 MTrAdaBoost）和传统的有监督机器学习（即 LogR、ANN、DT、AdaBoost、RF 和 XGBoost）的角度进行分析。如基于实例的迁移学习模型，MTrAdaBoost 在大多数情况下比传统的有监督机器学习模型在 G-mean、AUC 和 Type Ⅰ 方面表现出更好的结果。这意味着传统的有监督机器学习模型由于数据分布的差异而表现较差，MTrAdaBoost 可以通过过滤源数据中相对无效的样本来训练出一个有效的模型。在传统的有监督机器学习模型中，DT 表现最好，AdaBoost、XGBoost、ANN、RF 和 LogR 表现较差，这些结果与上一小节的实验结果略有不同。可能的原因有三个方面：①集成分类器（即 AdaBoost）的有效性和鲁棒性在信用风险分类中起着重要作用。②LogR 和 ANN 可能会出现过拟合现象。③不同的分类器在不同的数据集中表现出不同的分类能力。

（3）对于不同的训练数据生成技术，PM-N10 的 G-mean 和 Type Ⅰ 结果在大多数情况下都优于 SS、SSO、SSS 和 SSSO，这表明本章提出的 Bagging 集成聚类重采样方法可以有效减少数据分布差异。然而，对于 AUC，PM-N10 获得相对较差的预测结果，主要原因是 SS、SSO、SSS 和 SSSO 在 Type Ⅰ 和 Type Ⅱ 之间存在偏差，相较于 PM-N10 模型，SS、SSO、SSS 和 SSSO 的坏样本识别能力较差，这说明本章提出的重采样方法能够提高模型的训练效率。

（4）类别均衡的训练样本可以提高模型预测能力。大量源域数据和少量目标域数据之间存在分布差异，因此，有效减少源域数据很可能提高目标域的建模能力。

从以上两个实验结果来看，PM-N10 表现出了优越的性能。然而，在混合聚类重采样框架中，近邻数的选择可能会对预测结果产生影响。因此，接下来对参数敏感性进行分析。

7.3.3.3　参数的敏感性

为了更好地验证模型的有效性，本小节分析源域和目标域的样本数量之间的关系，采用 PM-N10 组合 TrAdaBoost 算法（PM-N10-T），用 5、10、20、30、

40 和 50 的紧邻数来分析源数据和目标数据之间的关系。相应地，G-mean、AUC和 Type I的结果对比如图 7-4 所示。由于金融机构更关注 Type I 的结果，且G-mean 考虑到了 Type II 的结果，因此这里没有展示 Type II 的结果。

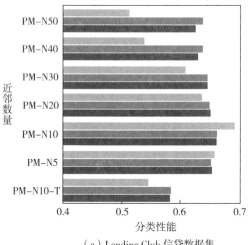

（a）Lending Club 信贷数据集

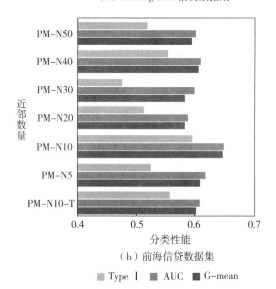

（b）前海信贷数据集

Type I　　AUC　　G-mean

图 7-4　基于不同近邻数量的性能对比

从图 7-4 可以看出，一方面，MTrAdaBoost 算法在 G-mean、AUC 和 Type I方面的性能都优于原始 TrAdaBoost 算法，表明 MTrAdaBoost 算法可以有效弥补原始 TrAdaBoost 算法的缺点；另一方面，在重采样混合数据集框架下，当近邻数为 5、10、20、30、40 和 50 时，3 个指标呈现先上升后下降的趋势，数值存在一定的波动，在 10 个最近邻中表现最好。这说明重采样产生的源域样本数量对模型的训练效果有一定的影响。因此，更多的样本可能使含有噪声的源域数据影响小样本的训练能力，而不是越多的源样本就能产生更好的性能。

7.3.3.4 统计检验结果

根据上述对 G-mean、AUC、Type Ⅰ 和 Type Ⅱ 的分析，很容易分清模型结果的好坏，但并未计算出不同模型间的差异性。为了检验不同方法在统计学意义是否具有显著性，本节基于 G-mean 对数据集和分类算法进行统计检验。为了检验所构建的不同源数据在七个分类算法上的差异，一方面采用配对 t 检验，另一方面采用非参数 Friedman 检验和 Nemenyi 检验。具体的两次试验结果如表 7-3 和图 7-5 所示。

表 7-3 基于不同训练集的 G-mean 配对 t 检验结果

数据集	PM-N40	PM-N30	PM-N20	PM-N10	PM-N5	SSSO	SSS
PM-N50	0.3318	0.8925	0.5720	0.0314**	0.0462**	0.0236**	0.0005***
PM-N40		0.6986	0.2994	0.0512*	0.0562*	0.0231**	0.0003***
PM-N30			0.2420	0.0528*	0.0746*	0.0317**	0.0005***
PM-N20				0.0073***	0.0085***	0.0551*	0.0010***
PM-N10					0.4920	0.0112**	0.0002***
PM-N5						0.0098***	0.0002***
SSSO							0.0227**

注：* 表示 10% 的显著性水平，** 表示 5% 的显著性水平，*** 表示 1% 的显著性水平。

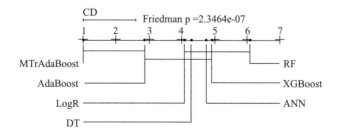

图 7-5 95% 置信水平上 G-mean 的 Nemenyi 检验

从表7-3可以看出，针对不同近邻产生的源域数据集，SSSO性能显著优于SSS，本章提出的聚类重采样方法的性能至少在10%统计显著性水平上优于SSSO和SSS。在聚类重采样形成的数据集中，PM-N5和PM-N10与其他数据集存在显著差异性。PM-N20、PM-N30、PM-N40和PM-N50之间无显著差异性，PM-N5和PM-N10之间差异不显著。

为了验证七个分类器在由5、10、20、30、40和50个最近邻组成的12个数据集上的性能是否相同，进行Friedman检验，若拒绝Friedman检验的原假设，则进行事后Nemenyi检验。计算Friedman检验统计量，Friedman检验统计量为10.01，在99%显著性水平上拒绝零假设。计算Nemenyi检验的临界值，0.01、0.05和0.1显著性水平上的CD分别为3.04、2.60和2.38。在图7-5中，线上的点表示12个数据集中的模型的平均排序。MTrAdaBoost优于除AdaBoost以外的其他模型。其中，MTrAdaBoost的平均排序值为1，具有较强的稳健性。对于传统的有监督机器学习分类器，AdaBoost与RF仅在0.05显著性水平上存在显著性差异，AdaBoost的平均排序值为2.83，说明AdaBoost在类别非均衡小样本信用分类方面具有良好的鲁棒性。总体而言，这些发现进一步证明了本章所提出的MTrAdaBoost在进行非均衡性小样本信用风险分类方面的优越性。

7.3.3.5 实证小结

根据以上两个实验的实证结果，可以总结出以下三个主要的结论：

（1）本章提出的基于MTrAdaBoost的重采样集成学习模型在两个信用数据集中都能显著提高分类性能，解决了非均衡性小样本的信用风险分类问题。当对不同模型在G-mean、AUC和Type Ⅰ方面进行比较时，本章所提出的重采样集成混合数据集可以获得更好的结果，特别是结合MTrAdaBoost算法可以获得最好的结果。

（2）通过重采样集成学习构造的数据集可以对噪声数据进行过滤，减小交叉域分布差异。实际上，对比近邻数为5、10、20、30、40和50的预测结果，很容易发现"越多越好"的原则并不适用于源域训练样本。

（3）MTrAdaBoost算法可以发挥巨大的作用。通过样本加权，MTrAdaBoost可以有效过滤源数据中相对无效的样本。统计性检验表明，MTrAdaBoost的性能最好。此外，面对非均衡性数据时，MTrAdaBoost 能够较好地识别坏的信用样本，对于金融机构，这些良好的分类结果能够减少可能的经济损失。

7.4 本章小结

在因时间和业务不同而导致数据分布不同的信用风险分类中，为了解决小样本信用分类中类别非均衡的问题，本章提出一种基于 MTrAdaBoost 与重采样的集成学习模型。在该模型中，采用三种相似性度量的基于 kNN 聚类的重采样集成学习模型可以构建类似于小样本的有效源数据，利用集成框架下的 MTrAdaBoost 训练鲁棒的模型。

实验结果证明本章提出的 MTrAdaBoost 与聚类重采样的集成学习模型显著优于基准模型，表明该模型为金融机构解决小样本信用风险分类中类别非均衡的问题提供了有效的方案。

然而，本章的研究只解决了非均衡性小样本问题，而数据的稀疏性、噪声性等其他一些典型数据特征往往会对模型性能产生影响，因此有必要提出一些新的解决方案来解决这些问题。我们将在未来的研究中重点讨论这些问题。

第8章 小样本数据特征驱动的信用风险分类实施与对策建议

为了解决小样本数据的信用风险分类问题，本书从小样本的属性与实例数量的多少对小样本建模影响的角度进行深入的研究。具体来说，针对属性稀缺小样本、混合属性小样本、高维性小样本、无有效训练样本和非均衡性小样本问题进行数据特征驱动的信用风险分类研究。基于此，本章试图对小样本数据特征驱动的信用风险分类实施作进一步思考。

8.1 小样本数据特征驱动的信用风险分类实施

通过前文分析很容易发现，在进行数据挖掘实证分析时，属性与实例是构建数据集的基本要素，属性对模型的性能具有重要的影响。因此，对于数据属性的构建，即指标体系的构建应严格把控。相应地，只有建立合适的模型才能产生好的预测结果。在实施过程中，主要包括两个方面：指标体系和评估方法。结合前面几章的研究内容和结论，这里分别对信用风险评估中的指标体系与评估模型进行归纳总结，并且提出相应的解决方法。首先，对于前文中的模型进行汇总，具体如表8-1所示。其次，为了更好地辅助金融机构完成小样本数据特征驱动的信用风险分类任务，依据前面的研究内容，提出小样本数据信用风险分类指标体系的具体内容。最后，对于小样本数据特征驱动的信用风险分类模型的构造进行介绍。

表 8-1 五种小样本数据特征驱动下信用风险分类模型汇总

模型	具体模型	适用条件	优点	缺点	应用场景
基于传统监督学习的虚拟样本生成结合特征工程学习模型	ELMVSG-FE	属性稀缺小样本	结合 SVM 预测精度高	特征构建算子仍需扩展	传统金融下信贷数据属性与实例信息不足时的信用风险分类
基于分布的虚拟样本生成学习模型	PSO-HVSG	混合属性小样本	预测精度高	数值属性与类别属性需要做好划分	互联网金融下属性数量未达到 100 维的小样本信用风险分类
基于深度学习的虚拟样本生成结合特征选择学习模型	WGANVSG-KPLS-QPSO	高维性小样本	结合 AdaBoost 预测精度高；计算复杂度低	前期需做数据预处理	互联网金融下属性数量未超过 100 维的小样本信用风险分类
基于联合分布自适应的集成学习模型	JDA-EL	无有效训练样本	结合 NB 预测精度高	类别非均衡对预测结果影响较大	新业务初始无有效训练样本的信用风险控制冷启动时期
基于实例迁移的集成学习模型	PM-N10-MTrAdaBoost	非均衡性小样本	MTrAdaBoost 预测精度高	近邻数量需和源域样本数量呈现一定的比例关系	信用风险控制冷启动时仅有有限小样本数据，且存在大量辅助数据

从表 8-1 可以看到，五种小样本数据特征驱动的信用风险分类学习模型主要基于属性数量与实例数量进行区分。基于属性数量形成属性稀缺小样本、混合属性小样本和高维性小样本，据此提出对应的解决方案和进行优缺点分析，同时针对应用场景进行了特定的描述。基于实例数量形成了无有效训练样本和非均衡性小样本，表 8-1 同样做了方案的研究与应用场景的划分。综上所述，五种小样本数据特征驱动的信用风险分类学习模型之间存在区别，但也存在一定的联系，如数据的分布特征共存的现象。

通过对五个模型的总结，得出小样本数据特征驱动的信用风险分类实施步骤，接下来进行详细描述。

8.1.1 信用风险分类指标变量的构建

基于前文研究内容，信用风险分类中数据集呈现不同的特征，指标数据并不统一，为了对不同类型的指标数据进行信用风险分类以及提出相应的指标数据处理办法，本章对信用风险分类指标体系的构建中出现的数据问题进行归纳总结，并提出相应的解决方法。

8.1.1.1 指标的多样性层面

指标多样性是指标类型的多样性，如结构化数据与非结构化数据。此外，不同的源域数据形成多源域数据，指标数量多则形成高维性数据。因此，在小样本条件下，指标多样性的问题在小样本信用风险分类中容易出现，且对模型的泛化性能产生影响。多样性的指标能够增加数据的有效信息，帮助模型提升预测性能。在大数据时代，多维数据信息获取较为方便，高维数据不相关和冗余特征的存在可能掩盖目标概念中真正相关特征的分布，从而影响分类模型的性能。第5章中的高维数据维数接近800，多样性数据会增加模型可探索的属性信息。因此，充分挖掘属性的有效性是值得深入探究的问题。源域数据与目标域数据存在分布差异，多样性的源域数据会提高数据的可利用性，且能提高模型的鲁棒性。因此，多样性的源域数据对模型的泛化能力具有较大的提升作用。这三种多样性问题的结合仍是值得探究的，如小样本条件下的多模态的源域数据、多模态的高维数据和多源域的高维数据问题，解决这些问题将为小样本信用风险分类的实施奠定坚实的基础。

8.1.1.2 指标的可获得性层面

在实际操作过程中，指标数据在某些情境下获取较难，如在偏远地区，信贷指标数据获得较难，只能获得较少的属性信息，甚至获取不到，从而形成稀缺性数据。因此，对于数据属性稀缺的数据，增强属性信息是提高模型泛化性能的重要手段。特别地，对于属性稀缺小样本，样本实例增强与特征属性增强是必要的，本书第3章主要针对属性稀缺小样本的信用风险分类进行研究。从数据可获得性的角度来看，在指标数据构建的时候，易出现数据缺失的状态，如保密性问题、客户填写信息的遗漏、还款数据更新不及时等导致的数据缺失，从数据缺失角度解决小样本数据问题具有重要意义。

8.1.1.3　指标的可替代性与完整性层面

在进行信用风险分类时，特别是企业的信用风险分类，财务数据获取时易出现属性共线性导致产生冗余问题。因此，去除共线性是解决属性冗余的方法。完整的指标数据可以帮助借贷者增强融资能力，可增加供应链金融因素，同时避免指标的重叠等。如在第6章中小企业信用风险分类中，首先，综合考虑影响中小企业信用风险的各个指标；其次，通过共线性检验去除一些共线性较强的属性；最后，构建出完整的中小企业信用风险分类指标体系，增加借贷成功的可能性。因此，从企业信用风险分类指标体系构建的角度出发，通过可替代性指标，如增加供应链金融等因素来构建小样本条件下中小企业信用风险分类指标体系具有重要意义。

8.1.1.4　指标的有效性与适量性层面

属性过多会产生属性冗余等现象出现，增加小样本建模难度，减弱模型的预测精度；反之，属性过少，会使数据挖掘不够充分，从而无法充分利用数据的有效信息，减弱模型的性能。因此，只有利用有效的指标数据才能构建出性能优越的模型。特别地，在小样本条件下属性适中时，分析不同类型的属性具有重要意义。本书第4章主要在指标数据的有效性基础上，在指标适中的条件下分析数据的不同属性然后构建模型，减少了指标数据的少与多所带来的计算效率问题。

除以上指标说明外，还需要注意以下几点：非财务指标的收集、非结构化数据的收集与处理将增加属性信息，提高模型的泛化性能。

8.1.2　信用风险分类模型的设计和应用

模型的设计和应用是信用风险分类实施的第二个重要内容，主要包括评估方法的构建、判断模型是否具有鲁棒性、检验模型是否匹配不同数据集。因此，分类实施主要涉及以下三个方面：

8.1.2.1　数据特征驱动建模，构建数据特征驱动模型框架

数据特征驱动是一个有针对性的建模框架，通过对样本数据进行数据特征

识别来构建并选择合适的预测模型，从而提高预测结果的准确性。事实上，信用数据集呈现多种数据特征，并没有某个分类模型能一直保持性能最优。因此，采用数据特征驱动的方法非常有必要。对于本书研究的小样本数据特征下和小样本与其他数据特征共存时信用风险建模的问题，主要解决方案为：极限学习机虚拟样本生成与特征工程技术解决属性稀缺小样本问题，集成学习和线性分类器相结合时出现较好的结果；融合 MD-MTD 与 Bootstrap 的虚拟样本生成技术解决混合属性问题；集成深度学习的虚拟样本生成与混合特征选择技术解决高维性小样本问题；联合分布自适应的集成学习模型解决无有效训练样本问题；基于迁移学习与聚类重采样的集成学习模型解决非均衡性小样本问题。本书针对五种特殊数据特征问题，提出相应的解决方案。因此，数据特征驱动建模是解决小样本信用风险分类问题的有效途径，不仅可以针对不同的问题提出解决方案，并且可选择出合适的预测模型。

8.1.2.2 挖掘更深层次的数据特征，完善数据特征的多样性

目前本书研究的数据特征主要包括小样本、非均衡性、高维性数据特征。事实上，信用数据特征多种多样，还存在如稀疏性、缺失性等问题。以缺失性为例，数据缺失分为随机缺失、完全随机缺失和非随机缺失。因此，建立不同问题的解决方案可以提高模型的预测性能，尤其在小样本条件下如何为这些问题提供解决方案具有重要意义。本书实际上又提出了一些新的数据特征，如动态数据、稀缺性、混合属性和数据分布差异性等，这些特征对模型性能也具有一定的影响，如第 3 章介绍了稀缺性对模型的影响，更深层次挖掘出数据稀缺性的内涵。第 4 章研究了小样本条件下混合属性特征数据的问题，采用适宜的数据增强算法进行虚拟样本生成。第 6 章和第 7 章探究了在小样本条件下，数据分布差异特征对信用分类建模的影响。接下来还需继续探索不同的数据特征，以丰富数据特征的表现形式，最终形成更加多样化的数据特征，如多模态性等。融合不同模态数据，建立特征驱动的信用风险控制模型具有重要意义。

8.1.2.3 建立更加鲁棒的学习模型

经过实证分析可知，集成学习在模型预测方面表现较好，不仅可以解决数据较少与非均衡等常见的数据特征问题，而且能够增强模型的预测能力。因

此，本书第 6 章和第 7 章构建了多级集成学习模型进行信用风险分类。第 6 章构建基于 Bagging 与随机子空间集成学习模型增强模型的预测性能，且解决数据稀缺的问题。第 7 章采用 Bagging 集成策略，增强了模型的鲁棒性，且基于类别均衡的数据集能建立更优秀的预测模型。此外，深度学习能处理更加复杂的数据，如第 5 章采用深度学习方法解决高维性小样本数据的生成问题，深度学习能更充分挖掘出数据深层次特征，进而增强模型的鲁棒性。

综上可知，针对不同数据特征的数据建立合适的模型至关重要，只有发现和解决数据特征问题，才能真正提升模型性能，从而避免可能的经济损失。因此，接下来对信用风险分类工作提出一些具体的对策建议。

8.2 小样本数据特征驱动的信用风险分类工作对策建议

本节从金融机构视角对信用风险分类的实施提出建议。按照信贷产品形成周期，可分为信贷业务前期、信贷业务中期和信贷业务后期，接下来主要针对不同时期的信贷业务提出具体的对策建议。

8.2.1 信贷业务前期的对策建议

增强信贷业务前期的数据匹配能力。在信贷业务前期，指标变量的选择至关重要，尤其是针对新兴的金融机构或者新的信贷业务开展进行信用分类模型构建，此时，信用数据集易出现实例少、属性少的情况，利用虚拟样本生成和特征工程技术能够提升信用风险评估性能，增强实例与属性的多样性，助力银行业金融机构、消费金融公司和小贷机构等更高效精准地发放贷款，减少可能的经济损失。如本书第 3 章采用基于监督学习的数据生成方法，同时利用特征工程实现特征构建，增强模型的泛化性能；第 4 章采用基于分布的虚拟样本生成技术提高模型的训练效率；第 6 章采用深度学习技术的虚拟样本生成方法，提升高维数据的生成能力，利用混合特征选择方法去除冗余属性变量，进而提升模型的预测性能。综上可知，针对信贷业务前期的指标变量适应场景，建立合适的数据处理与预测模型，对信贷业务前期的数据增强与指标变量处理具有一定的帮助。

8.2.2 信贷业务中期的对策建议

完善信贷业务中期的体系建设范畴。在信贷业务中期，此时信贷业务已初步形成，为了进一步提升信用风险分类能力，可采用一些辅助数据增强模型的预测性能。为了完善信贷业务体系建设范畴，提升业务开展能力，可采用迁移学习技术将辅助数据知识迁移到目标业务中，提升模型的预测性能。特别地，在金融机构久停业务重启或开展相似业务时的信用风险控制冷启动时期，已有的旧数据与当前新数据易出现分布差异，这时可利用迁移学习方法减少数据分布差异，提高模型的训练效率，助力银行业金融机构、消费金融公司和小贷机构等更高效精准地发放贷款。如第6章采用迁移学习技术与集成学习方法提升目标域中无有效训练样本的信用风险分类性能；如第7章针对非均衡性小样本的问题，采用基于集成学习框架下的实例迁移方法提升模型的预测性能。综上可知，针对信贷业务中期的体系建设范畴，基于合适的迁移学习技术，建立合适的预测模型，对中期信贷业务的开展具有重要意义。

8.2.3 信贷业务后期的对策建议

优化信贷业务后期的监测体系结构。在信贷业务前期和中期主要研究信用风险控制中冷启动的问题，即小样本数据信用风险分类问题。在信贷业务后期，数据样本量充足，是信用风险分类中常见的情形。此时，信用数据样本形成丰富的数据库，需要对信用样本的状态变化进行监测。因此，要优化信贷业务后期的监测体系结构，监测违约样本数据库是否产生极端非均衡状态。此时可采用第7章提出的模型，进行极端非均衡样本的预测。同时，建立合适的成本敏感预测模型，尽可能减少金融机构的经济损失。综上可知，信贷业务后期仍可能出现小样本数据，只有不断优化体系结构、建立相应的预测模型，才能进一步提升模型预测性能，减少可能的经济损失。

8.3　本章小结

本章主要包括以下两方面内容：

（1）为小样本数据特征驱动的信用风险分类提出实施路径，包括指标变量的构建、模型的设计和应用两方面内容。

（2）对基于小样本数据特征驱动的信用风险分类工作提出建议，主要从增强信贷业务前期的数据匹配能力、完善信贷业务中期的体系建设范畴和优化信贷业务后期的监测体系结构三个角度提出具体的对策建议。

第9章 结论与展望

本章将对本书工作进行总结与展望。9.1 节总结本书的研究结论；9.2 节为未来小样本信用风险分类研究的展望。

9.1 研究结论

信用风险分类一直是学者研究的热点问题，其主要思路是利用信贷申请人的信息对其违约状态进行评估，评估申请人的信用状态，完成信贷业务。对于信用风险评估机构来说，一个合适的信用风险分类模型可以帮助金融机构减少可能的经济损失。然而，金融机构开展新信贷业务时，常面临小样本数据问题，同时不同的数据特征往往给小样本建模增加了许多难度。因此，本书针对小样本数据的信用风险分类问题，提出小样本数据特征驱动的信用风险分类模型。具体来说，针对属性稀缺小样本、混合属性小样本、高维性小样本、无有效训练样本和非均衡性小样本问题，提出相应的解决方案。这些工作有助于增强小样本建模能力，同时拓展信用风险理论研究。具体而言，本书通过前面核心章节的深入研究，可以得出以下五个重要结论：

（1）提出了一种混合数据增强与特征工程的方法，用于解决新兴银行业金融机构、消费金融公司、小贷机构等开展新业务时信用数据集具有属性稀缺小样本（即实例稀缺且属性稀缺）数据特征的问题。为了解决依据不充足的数据信息构建的模型具有低效性的问题，本书提出利用极限学习机生成虚拟样本解决数据实例稀缺问题，同时利用特征构建和特征选择等特征工程方法来解决数据低维性问题。采用基于经典监督学习方法的虚拟样本生成技术，更易挖掘属性稀缺数据的内在信息。实证结果表明，本书提出的混合数据增强与特征工程方法可以有效解决小样本与低维性数据特征共存时的信用风险分类问题，在分类结果上，单线性分类器具有明显的优势。

（2）提出了一种基于粒子群算法的混合虚拟样本生成方法，用于解决新兴网贷机构等开展新业务时信用数据集具有混合属性小样本数据特征的问题。为了充分捕获类别属性数据和数值属性数据呈现的不同分布特征，进一步提高模型的训练效率，本书提出利用 Bootstrap 和 MD-MTD 技术分别对类别属性和数值属性数据进行数据增强，采用 kNN 和粒子群算法生成较优的虚拟样本。实证结果表明，本书提出的模型具有明显的性能优势，产生更小的 Ⅱ 类误差。同时，"越多越好"的原则并不适用于虚拟样本的增加。

（3）提出了一种集成 WGAN 技术与 KPLS-QPSO 的方法，用于解决新兴银行业金融机构、消费金融公司、小贷机构等开展新业务时信用数据集具有高维性小样本数据特征的问题。为了减少不充足的实例数据及冗余和不相关的属性对模型精度和复杂度的影响，本书提出利用 WGAN 进行数据增强以挖掘高维复杂数据的特征，进而解决数据实例稀缺问题，利用 KPLS-QPSO 特征选择方法解决数据高维性的问题。实验结果证明，采用集成基于 WGAN 数据增强与 KPLS-QPSO 特征选择方法可以提高分类性能，在分类结果上，集成学习分类器具有明显的优势。这些结果表明，本书提出的方法能够有效地解决具有高维特征的小样本数据集的信用风险分类问题。

（4）提出了一种适用于中小企业信用风险分类的基于联合分布自适应算法的多阶段集成学习方法，用于解决金融机构久停业务重启或开展相似业务时的无有效训练样本问题。为了减小旧数据与当前新数据的分布差异，本书提出利用 Bagging 重采样和随机子空间集成学习方法构建鲁棒模型，采用 JDA 算法减小数据跨域分布差异。实验结果证明，该方法在解决无有效训练样本问题上具有明显的性能优势。此外，实验结果发现，适当的非均衡率可以获得更好的Ⅰ类精度和 AUC。这些结果表明，本书提出的方法能够有效解决无有效训练样本的中小企业信用风险分类问题，改善中小企业融资难的窘境，尽可能帮助金融机构减少可能的经济损失。

（5）提出了一种基于 MTrAdaBoost 与聚类重采样的集成学习模型，用于解决信用风险控制冷启动时信用数据集具有非均衡性小样本数据特征的问题（此时经过了无有效训练样本阶段，源域含有大量数据，目标域含有少量且类别非均衡的数据）。为了减少不充足的目标域数据及非均衡性对模型预测精度的影响，本书提出采用基于不同度量的 kNN 聚类算法过滤源域数据，利用 Bagging 重采样集成学习模型构建多样化均衡的源域数据。采用 MTrAdaBoost 进行实例迁移，可训练出一个有效和鲁棒的模型。实证结果证明，与其他基准模型相比，MTrAdaBoost 具有最优性能。这些结果表明，本书提出的 MTrAda-Boost 重采样集成学习模型为金融机构解决小样本信贷分类中类别非均衡的问题提供了有效的方案。

9.2　研究展望

本书对小样本数据特征驱动的信用风险分类进行了深入研究。实际上，小样本数据在使用中还存在许多情境和客观条件，因此本书还存在以下一些可以深入研究的方向：

（1）多数据特征共存。小样本特征与其他数据特征共存，即其他数据特征如缺失性、噪声性、稀疏性等数据特征与小样本数据特征共存，是常见的小样本数据问题。基于此，需要构建小样本数据特征驱动的建模体系，增强小样本建模泛化能力。因此未来需要进行深入研究。

（2）多源域数据共存。当存在多个源域数据时，只有充分挖掘各个源域内部数据信息的相互关系，才能更好地辅助目标域小样本信用风险分类。因此，基于多源域数据的小样本数据信用风险分类值得进一步研究。

（3）半监督小样本。辅助数据中有大量无标签数据也是常见的小样本数据问题，因此需要进一步研究更好的标签标定算法与评估模型。

（4）多模态小样本。本书仅针对结构化数据开展信用风险分类研究，大数据时代，更多的数据呈现非结构化形式，如文本数据等，通常这些数据更能帮助模型提升预测性能，因此需要更好的特征提取技术（如大语言模型），挖掘更丰富有效的数据特征进行模型构建。

此外，在小样本数据特征驱动的建模体系中，数据质量（如脏数据）、数据隐私、模型效率、模型可解释性、场景建模、模型伦理等内容都是需要重点考虑的因素，也是未来值得深入研究的方向。

参考文献

［1］庞素琳. 概率神经网络信用评价模型及预警研究［J］. 系统工程理论与实践，2005（5）：43-48.

［2］王凯，黄世祥. 基于 BP 神经网络的行业间中小企业信用评估模型及应用［J］. 数学的实践与认识，2007（24）：47-54.

［3］叶强，张洁. 基于遗传算法的多分类器融合模型在信用评估中的应用［J］. 哈尔滨工业大学学报，2006，38（9）：1504-1505.

［4］于力航. 高维性特征驱动的信用风险分类研究［D］. 北京：北京化工大学，2021.

［5］张莉，陈恭和. 入侵检测系统中训练样本集的构造方法［J］. 计算机工程与应用，2006（28）：145-146+180.

［6］张有德. 多维信用分类数据特征检验与应用分析研究［D］. 北京：北京化工大学，2018.

［7］朱宝. 虚拟样本生成技术及建模应用研究［D］. 北京：北京化工大学，2017.

［8］祝由. 供应链金融环境下中小企业信用风险评估研究［D］. 长沙：湖南大学，2017.

［9］Alasbahi R., Zheng X. An online transfer learning framework with extreme learning machine for automated credit scoring［J］. IEEE Access，2022（10）：46697-46716.

［10］ Albashish D. , Hammouri A. I. , Braik M. , et al. Binary biogeography-based optimization based SVM-RFE for feature selection ［J］. Applied Soft Computing, 2021 （101）: 107026.

［11］ Ali S. , Smith K. A. On learning algorithm selection for classification ［J］. Applied Soft Computing, 2006, 6 （2）: 119-138.

［12］ Altman E. I. , Sabato G. , Wilson N. The value of non-financial information in small and medium-sized enterprise risk management ［J］. Journal of Credit Risk, 2012, 6 （2）: 95-127.

［13］ Altman E. I. , Sabato G. Modeling credit risk for SMEs: Evidence from the US market ［J］. Abacus, 2007, 43 （2）: 332-357.

［14］ Altman E. I. Financial ratios, discriminant analysis and the prediction of corporate bankruptcy ［J］. The Journal of Finance, 1968, 23 （4）: 589-609.

［15］ Arjovsky M. , Chintala S. , Bottou L. Wasserstein generative adversarial networks ［C］. Proceedings of the 34th International Conference on Machine Learning, 2017.

［16］ Arnaiz-González Á. , Díez-Pastor J. F. , Rodríguez J. J. , et al. Instance selection of linear complexity for big data ［J］. Knowledge-Based Systems, 2016 （107）: 83-95.

［17］ Ashofteh A. , Bravo J. M. A conservative approach for online credit scoring ［J］. Expert Systems with Applications, 2021 （176）: 114835.

［18］ Awawdeh S. , Faris H. , Hiary H. EvoImputer: An evolutionary approach for missing data imputation and feature selection in the context of supervised learning ［J］. Knowledge-Based Systems, 2022 （236）: 107734.

［19］ Ba H. Improving detection of credit card fraudulent transactions using generative adversarial networks ［EB/OL］. https: //arxiv. org/abs/1907. 03355.

［20］ Bang Y. , Cahyawijaya S. , Lee N. , et al. A multitask, multilingual, multimodal evaluation of ChatGPT on reasoning, hallucination, and interactivity ［EB/OL］. https: //arxiv. org/abs/2302. 04023.

［21］ Bao W. , Lianju N. , Yue K. Integration of unsupervised and supervised machine learning algorithms for credit risk assessment ［J］. Expert Systems with Applications, 2019（128）: 301-315.

［22］ Barddal J. P. , Loezer L. , Enembreck F. , et al. Lessons learned from data stream classification applied to credit scoring ［J］. Expert Systems with Applications, 2020（162）: 113899.

［23］ Bastani K. , Asgari E. , Namavari H. Wide and deep learning for peer-to-peer lending ［J］. Expert Systems with Applications, 2019（134）: 209-224.

［24］ Bengio Y. , Courville A. , Vincent P. Representation learning: A review and new perspectives ［J］. IEEE Transactions on Pattern Analysis and Machine Intelligence, 2013, 35（8）: 1798-1828.

［25］ Bennett K. , Embrechts M. An optimization perspective on kernel partial least squares regression ［J］. Computer & Systems Sciences, 2003（190）: 227-250.

［26］ Bequé A. , Lessmann S. Extreme learning machines for credit scoring: An empirical evaluation ［J］. Expert Systems with Applications, 2017（86）: 42-53.

［27］ Bishop C. M. Training with noise is equivalent to Tikhonov regularization ［J］. Neural Computation, 1995, 7（1）: 108-116.

［28］ Bloch G. , Lauer F. , Colin G. , et al. Support vector regression from simulation data and few experimental samples ［J］. Information Sciences, 2008, 178（20）: 3813-3827.

［29］ Bolón-Canedo V. , Alonso-Betanzos A. Ensembles for feature selection: A review and future trends ［J］. Information Fusion, 2019（52）: 1-12.

［30］ Breiman L. , Friedman J. H. , Olshen R. A. , et al. Classification and regression trees ［M］. New York: Chapman and Hall, 1984.

［31］ Breiman L. Bagging predictors ［J］. Machine Learning, 1996（24）: 123-140.

［32］ Calabrese R. , Osmetti S. A. Modelling small and medium enterprise loan defaults as rare events: The generalized extreme value regression model [J]. Journal of Applied Statistics, 2013, 40 (6): 1172-1188.

[33] Carcillo F. , Dal Pozzolo A. , Le Borgne Y. A. , et al. Scarff: A scalable framework for streaming credit card fraud detection with spark [J]. Information Fusion, 2018 (41): 182-194.

[34] Carcillo F. , Le Borgne Y. A. , Caelen O. , et al. Streaming active learning strategies for real-life credit card fraud detection: Assessment and visualization [J]. International Journal of Data Science and Analytics, 2018 (5): 285-300.

[35] Caruso G. , Gattone S. A. , Fortuna F. , et al. Cluster analysis for mixed data: An application to credit risk evaluation [J]. Socio-Economic Planning Sciences, 2021 (73): 100850.

[36] Cha S. H. Comprehensive survey on distance/similarity measures between probability density functions [J]. International Journal of Mathematical Models and Methods in Applied Sciences, 2007, 1 (4): 300-307.

[37] Chawla N. V. , Hall L. O. , Bowyer K. W. , et al. SMOTE: Synthetic minority over-sampling technique [J]. Journal of Artificial Intelligence Research, 2002 (16): 321-357.

[38] Chen T. , Guestrin C. Xgboost: A scalable tree boosting system [C]. Proceedings of 27 the 22nd ACM SIGKDD International Conference on Knowledge Discovery and Data Mining, 2016.

[39] Chen W. , Li Z. , Guo J. Domain adaptation learning based on structural similarity weighted mean discrepancy for credit risk classification [J]. IEEE Intelligent Systems, 2020 (35): 41-51.

[40] Chen X. , Liu Z. , Zhong M. , et al. A deep learning approach using DeepGBM for credit assessment [C]. Proceedings of the 2019 International Conference on Robotics, Intelligent Control and Artificial Intelligence, 2019.

[41] Chen X. , Wang X. , Wu D. D. Credit risk measurement and early warning of SMEs: An empirical study of listed SMEs in China [J]. Decision Support Sys-

tems, 2010, 49 (3): 201-310.

[42] Chen Z. S., Zhu B., He Y. L., et al. A PSO based virtual sample genera-tion method for small sample sets: Applications to regression datasets [J]. Engineer-ing Applications of Artificial Intelligence, 2017 (59): 236-243.

[43] Dai W., Yang Q., Xue G. R., et al. Boosting for transfer learning [C]. Proceedings of the 24th International Conference on Machine Learning (ICML 2007), 2007.

[44] Dastile X., Celik T., Potsane M. Statistical and machine learning models in credit scoring: A systematic literature survey [J]. Applied Soft Computing, 2020 (91): 106263.

[45] Dastile X., Celik T. Making deep learning-based predictions for credit scoring explainable [J]. IEEE Access, 2021 (9): 50426-50440.

[46] Demšar J. Statistical comparisons of classifiers over multiple data sets [J]. The Journal of Machine Learning Research, 2006 (7): 1-30.

[47] Desai V. S., Crook J. N., Overstreet Jr G. A. A comparison of neural networks and linear scoring models in the credit union environment [J]. European Journal of Operational Research, 1996, 95 (1): 24-37.

[48] Ding C., Peng H. Minimum redundancy feature selection from microar-ray gene expression data [J]. Journal of Bioinformatics and Computational Biology, 2005, 3 (2): 185-205.

[49] Dinh D. T., Huynh V. N., Sriboonchitta S. Clustering mixed numerical and categorical data with missing values [J]. Information Sciences, 2021 (571): 418-442.

[50] Djeundje V. B., Crook J., Calabrese R., et al. Enhancing credit scoring with alternative data [J]. Expert Systems with Applications, 2021 (163):113766.

[51] Doumpos M., Pentaraki K., Zopounidis C., et al. Assessing country risk using a multi group discrimination method: A comparative analysis [J]. Managerial Finance, 2001, 27 (8): 16-34.

［52］ Dua D. , Graff C. UCI machine learning repository ［EB/OL］. http: // archive. ics. uci. edu/ml.

［53］ Duan J. Financial system modeling using Deep Neural Networks （DNNs）for effective risk assessment and prediction ［J］. Journal of the Franklin Institute, 2019, 356 （8）: 4716-4731.

［54］ Dumitrescu E. , Hue S. , Hurlin C. , et al. Machine learning for credit scoring: Improving logistic regression with non-linear decision-tree effects ［J］. European Journal of Operational Research, 2022, 297 （3）: 1178-1192.

［55］ Edmister R. O. An empirical test of financial ratio analysis for small business failure prediction ［J］. Journal of Financial and Quantitative Analysis, 1972, 7 （2）: 1477-1493.

［56］ Fawcett T. An introduction to ROC analysis ［J］. Pattern Recognition Letters, 2006 （27）: 861-874.

［57］ Feder G. , Just R. E. A study of debt servicing capacity applying logit analysis ［J］. Journal of Development Economics, 1976, 4 （1）: 25-38.

［58］ Fernandez A. , Garcia S. , Herrera F. , et al. SMOTE for learning from imbalanced data: Progress and challenges, marking the 15-year anniversary ［J］. Journal of Artificial Intelligence Research, 2018 （61）: 863-905.

［59］ Fink M. Object classification from a single example utilizing class relevance metrics ［J］. Advances in Neural Information Processing Systems, 2005 （17）: 449-456.

［60］ Finn C. , Abbeel P. , Levine S. Model-agnostic meta-learning for fast adaptation of deep networks ［C］. Proceedings of the 34th International Conference on Machine Learning, 2017.

［61］ Fiore U. , Santis A. D. , Perla F. , et al. Using generative adversarial networks for improving classification effectiveness in credit card fraud detection ［J］. Information Sciences, 2017 （479）: 448-455.

［62］ Fisher R. A. The use of multiple measurements in taxonomic problems

[J]. Annals of Human Genetics, 1936, 7 (2): 179-188.

[63] Florez-Lopez R. Effects of missing data in credit risk scoring. A comparative analysis of methods to achieve robustness in the absence of sufficient data [J]. Journal of the Operational Research Society, 2010 (61): 486-501.

[64] Frénay B., Verleysen M. Classification in the presence of label noise: A survey [J]. IEEE Transactions on Neural Networks and Learning Systems, 2013, 25 (5): 845-869.

[65] Freund Y., Schapire R. E. Experiments with a new boosting algorithm [C]. International Conference on Machine Learning, 1996.

[66] García V., Marqués A. I., Sánchez J. S. Exploring the synergetic effects of sample types on the performance of ensembles for credit risk and corporate bankruptcy prediction [J]. Information Fusion, 2019 (47): 88-101.

[67] Ge R., Feng J., Gu B., et al. Predicting and deterring default with social media information in peer-to-peer lending [J]. Journal of Management Information Systems, 2017, 34 (2): 401-424.

[68] Gelsomino L. M., Mangiaracina R., Perego A., et al. Supply chain finance: A literature review [J]. International Journal of Physical Distribution & Logistics Management, 2016, 46 (4): 348-366.

[69] Gomez G., Morales E. F. Automatic feature construction and a simple rule induction algorithm for skin detection [C]. ICML Workshop Machine Learning in Computer Vision, 2002.

[70] Goodfellow I., Pouget-Abadie J., Mirza M., et al. Generative adversarial nets [J]. Advances in Neural Information Processing Systems, 2014 (2): 2672-2680.

[71] Gunnarsson B. R., Vanden Broucke S., Baesens B., et al. Deep learning for credit scoring: Do or don't? [J]. European Journal of Operational Research, 2021, 295 (1): 292-305.

[72] Guyon I., Elisseeff A. An introduction to variable and feature selection

［J］. Journal of Machine Learning Research, 2003, 3（6）: 1157-1182.

［73］ Han X. , Cui R. , Lan Y. , et al. A Gaussian mixture model based combined resampling algorithm for classification of imbalanced credit data sets ［J］. International Journal of Machine Learning and Cybernetics, 2019（10）: 3687-3699.

［74］ Hancock J. , Khoshgoftaar T. M. Leveraging LightGBM for categorical big data ［C］. Proceedings of the 2021 IEEE Seventh International Conference on Big Data Computing Service and Applications（Big Data Service）, 2021.

［75］ Harris T. Credit scoring using the clustered support vector machine ［J］. Expert Systems with Applications, 2015, 45（2）: 741-750.

［76］ He H. , Wang Z. , Jain H. , et al. A privacy-preserving decentralized credit scoring method based on multi-party information ［J］. Decision Support Systems, 2022（166）: 113910.

［77］ He H. , Zhang W. , Zhang S. A novel ensemble method for credit scoring: Adaption of different imbalance ratios ［J］. Expert Systems with Applications, 2018（98）: 105-117.

［78］ He N. , Wang Y. Q. , Jiang T. , et al. Self-adaptive bagging approach to credit rating ［J］. Technological Forecasting and Social Change, 2022（175）: 121371.

［79］ He Y. L. , Wang P. J. , Zhang M. Q. , et al. A novel and effective nonlinear interpolation virtual sample generation method for enhancing energy prediction and analysis on small data problem: A case study of ethylene industry ［J］. Energy, 2018（147）: 418-427.

［80］ Helder V. G. , Filomena T. P. , Ferreira L. , et al. Application of the VNS heuristic for feature selection in credit scoring problems ［J］. Machine Learning with Applications, 2022（9）: 100349.

［81］ Henley W. E. , Hand D. J. A k-NN classifier for assessing consumer credit risk ［J］. Statistician, 1996（44）: 77-95.

［82］ Herasymovych M. , Märka K. , Lukason O. Using reinforcement learning to optimize the acceptance threshold of a credit scoring model [J]. Applied Soft Computing, 2019 (84): 105697.

[83] Hertz T., Hillel A. B., Weinshall D. Learning a kernel function for classification with small training samples [C]. Proceedings of the 23rd International Conference on Machine Learning, 2006.

[84] Ho T. K. The random subspace method for constructing decision forests [J]. IEEE Transactions on Pattern Analysis and Machine Intelligence, 1998, 20 (8): 832-844.

[85] Hoi S. C., Sahoo D., Lu J., et al. Online learning: A comprehensive survey [J]. Neurocomputing, 2021 (459): 249-289.

[86] Hsu F. J., Chen M. Y., Chen Y. C. The human-like intelligence with bio-inspired computing approach for credit ratings prediction [J]. Neurocomputing, 2011 (279): 11-18.

[87] Huang C. L., Dun J. F. A distributed PSO-SVM hybrid system with feature selection and parameter optimization [J]. Applied Soft Computing, 2008, 8 (4): 1381-1391.

[88] Huang G. B., Zhu Q. Y., Siew C. K. Extreme learning machine: A new learning scheme of feedforward neural networks [J]. IEEE International Joint Conference on Neural Networks, 2004 (2): 985-990.

[89] Huang G. B., Zhu Q. Y., Siew C. K. Extreme learning machine: Theory and applications [J]. Neurocomputing, 2006, 70 (1-3): 489-501.

[90] Huang Z., Chen H., Hsu C. J., et al. Credit rating analysis with support vector machines and neural networks: A market comparative study [J]. Decision Support Systems, 2004, 37 (4): 543-558.

[91] Hung C., Chen J. H. A selective ensemble based on expected probabilities for bankruptcy prediction [J]. Expert Systems with Applications, 2009, 36 (3): 5297-5303.

[92] Iman R. L., Davenport J. M. Approximations of the critical region of the

fbietkan statistic [J]. Communications in Statistics-Theory and Methods, 1980, 9 (6): 571-595.

[93] Iyer R., Khwaja A. I., Luttmer E. F. P., et al. Screening peers softly: Inferring the quality of small borrowers [J]. Management Science, 2016, 62 (6): 1554-1577.

[94] Jabeen H., Baig A. R. Two layered genetic programming for mixed-attribute data classification [J]. Applied Soft Computing, 2012, 12 (1): 416-422.

[95] Jadhav S., He H., Jenkins K. Information gain directed genetic algorithm wrapper feature selection for credit rating [J]. Applied Soft Computing, 2018, 69: 541-553.

[96] Ji J., Bai T., Zhou C., et al. An improved k-prototypes clustering algorithm for mixed numeric and categorical data [J]. Neurocomputing, 2013 (120): 590-596.

[97] Jiang B., Deng C., Yi H., et al. XDL: An industrial deep learning framework for high-dimensional sparse data [C]. Proceedings of the 1st International Workshop on Deep Learning Practice for High-Dimensional Sparse Data, 2019.

[98] Jiang C., Wang Z., Wang R., et al. Loan default prediction by combining soft information extracted from descriptive text in online peer-to-peer lending [J]. Annals of Operations Research, 2018, 266 (1-2): 511-529.

[99] Jiang F., Yu X., Du J., et al. Ensemble learning based on approximate reducts and bootstrap sampling [J]. Information Sciences, 2021 (547): 797-813.

[100] Kang Y., Jia N., Cui R., et al. A graph-based semi-supervised reject inference framework considering imbalanced data distribution for consumer credit scoring [J]. Applied Soft Computing, 2021 (105): 107259.

[101] Kawa D., Punyani S., Nayak P., et al. Credit risk assessment from combined bank records using federated learning [J]. International Research Journal of Engineering and Technology, 2019, 6 (4): 1355-1358.

[102] Ke G., Meng Q., Finley T., et al. LightGBM: A highly efficient gra-

dient boosting decision tree [C]. Advances in Neural Information Processing Systems, 2017.

[103] Keasey K., Watson R. Non-financial symptoms and the prediction of small company failure: A test of Argenti's hypotheses [J]. Journal of Business Finance & Accounting, 1987, 14 (3): 335-354.

[104] Kennedy J., Eberhart R. Particle swarm optimization [C]. Proceedings of the Fourth IEEE International Conference on Neural Networks, 1995.

[105] Kim A., Cho S. B. An ensemble semi-supervised learning method for predicting defaults in social lending [J]. Engineering Applications of Artificial Intelligence, 2019 (81): 193-199.

[106] Kim H. S., Sohn S. Y. Support vector machines for default prediction of SMEs based on technology credit [J]. European Journal of Operational Research, 2010, 201 (3): 838-846.

[107] Koch G., Zemel R., Salakhutdinov R. Siamese neural networks for one-shot image recognition [C]. ICML Deep Learning Workshop, 2015.

[108] Kotsiantis S. B. Supervised machine learning: A review of classification techniques [J]. Emerging Artificial Intelligence Applications in Computer Engineering, 2007 (160): 3-24.

[109] Koutanaei F. N., Sajedi H., Khanbabaei M. A hybrid data mining model of feature selection algorithms and ensemble learning classifiers for credit scoring [J]. Journal of Retailing and Consumer Services, 2015 (27): 11-23.

[110] Kozodoi N., Lessmann S., Papakonstantinou K., et al. A multi-objective approach for profit-driven feature selection in credit scoring [J]. Decision Support Systems, 2019 (120): 106-117.

[111] Kriebel J., Stitz L. Credit default prediction from user-generated text in peer-to-peer lending using deep learning [J]. European Journal of Operational Research, 2022, 302 (1): 309-323.

[112] Kück M., Freitag M. Forecasting of customer demands for production

planning by local k-nearest neighbor models [J]. International Journal of Production Economics, 2021 (231): 107837.

[113] Lee J. W. , Lee W. K. , Sohn S. Y. Graph convolutional network-based credit default prediction utilizing three types of virtual distances among borrowers [J]. Expert Systems with Applications, 2021 (168): 114411.

[114] Lee L. Measures of distributional similarity [C]. Proceedings of the 37th Annual Meeting of the Association for Computational Linguistics, 1999.

[115] Lee T. S. , Chen I. F. A two-stage hybrid credit scoring model using artificial neural networks and multivariate adaptive regression splines [J]. Expert Systems with Applications, 2005, 28 (4): 743-752.

[116] Lee T. S. , Chiu C. C. , Chou Y. C. , et al. Mining the customer credit using classification and regression tree and multivariate adaptive regression splines [J]. Computational Stats & Data Analysis, 2006, 50 (4): 1113-1130.

[117] Levy A. , Baha R. Credit risk assessment: A comparison of the performances of the linear discriminant analysis and the logistic regression [J]. International Journal of Entrepreneurship and Small Business, 2021, 42 (1-2): 169-186.

[118] Li D. C. , Fang Y. H. A non-linearly virtual sample generation technique using group discovery and parametric equations of hypersphere [J]. Expert Systems with Applications, 2009, 36 (1): 844-851.

[119] Li D. C. , Hsu H. C. , Tsai T. I. , et al. A new method to help diagnose cancers for small sample size [J]. Expert Systems with Applications, 2007, 33 (2): 420-424.

[120] Li D. C. , Lin L. S. A new approach to assess product lifetime performance for small data sets [J]. European Journal of Operational Research, 2013, 230 (2): 290-298.

[121] Li D. C. , Lin L. S. Generating information for small data sets with a multi-modal distribution [J]. Decision Support Systems, 2014 (66): 71-81.

[122] Li D. C. , Liu C. W. Extending attribute information for small data set

classification〔J〕. IEEE Transactions on Knowledge and Data Engineering, 2012, 24（3）：452-464.

〔123〕Li D. C., Wen I. H. A genetic algorithm-based virtual sample generation technique to improve small data set learning〔J〕. Neurocomputing, 2014（143）：222-230.

〔124〕Li D. C., Wu C. S., Tsai T. I., et al. Using mega-trend-diffusion and artificial samples in small data set learning for early flexible manufacturing system scheduling knowledge〔J〕. Computers & Operations Research, 2007, 34（4）：966-982.

〔125〕Li D. C., Yeh C. W. A non-parametric learning algorithm for small manufacturing data sets〔J〕. Expert Systems with Applications, 2008, 34（1）：391-398.

〔126〕Li H., Feng A., Lin B., et al. A novel method for credit scoring based on feature transformation and ensemble model〔J〕. PeerJ Computer Science, 2021（7）：e579.

〔127〕Li K., Niskanen J., Kolehmainen M., et al. Financial innovation：Credit default hybrid model for SME lending〔J〕. Expert Systems with Applications, 2016, 61（5）：343-355.

〔128〕Li T., Kou G., Peng Y. A new representation learning approach for credit data analysis〔J〕. Information Sciences, 2023（627）：115-131.

〔129〕Li W., Ding S., Chen Y., et al. Transfer learning-based default prediction model for consumer credit in China〔J〕. The Journal of Supercomputing, 2019, 75（2）：862-884.

〔130〕Li X., Chen W., Zhang Q., et al. Building auto-encoder intrusion detection system based on random forest feature selection〔J〕. Computers & Security, 2020（95）：101851.

〔131〕Li Z., Tian Y., Li K., et al. Reject inference in credit scoring using semi-supervised support vector machines〔J〕. Expert Systems with Applications, 2017（74）：105-114.

［132］ Liang L. , Cai X. Forecasting peer-to-peer platform default rate with LSTM neural network ［J］. Electronic Commerce Research and Applications, 2020 （43）: 100997.

［133］ Liao T. W. Diagnosis of bladder cancers with small sample size via feature selection ［J］. Expert Systems with Applications, 2011, 38 （4）: 4649-4654.

［134］ Lin C. , Luo M. , Huang X. , et al. An efficient privacy-preserving credit score system based on noninteractive zero-knowledge proof ［J］. IEEE Systems Journal, 2021, 16 （1）: 1592-1601.

［135］ Lin S. L. A new two-stage hybrid approach of credit risk in banking industry ［J］. Expert Systems with Applications, 2009, 36 （4）: 8333-8341.

［136］ Lin W. C. , Tsai C. F. , Hu Y. H. , et al. Clustering-based undersampling in class-imbalanced data ［J］. Information Sciences, 2017 （409）: 17-26.

［137］ Liu W. , Fan H. , Xia M. Credit scoring based on tree-enhanced gradient boosting decision trees ［J］. Expert Systems with Applications, 2022 （189）: 116034.

［138］ Liu W. , Fan H. , Xiao M. Step-wise multi-grained augmented gradient boosting decision trees for credit scoring ［J］. Engineering Applications of Artificial Intelligence, 2021 （97）: 104036.

［139］ Liu Y. , Huang L. Supply chain finance credit risk assessment using support vector machine-based ensemble improved with noise elimination ［EB/OL］. https: //jounals. sagepub. com/doi/10. 1177/1550147720903631.

［140］ Liu Y. , Zhou Y. , Liu X. , et al. Wasserstein GAN-based small sample augmentation for new generation artificial intelligence: A case study of cancer-staging data in biology ［J］. Engineering, 2019, 5 （1）: 156-163.

［141］ Long M. , Wang J. , Ding G. , et al. Transfer feature learning with joint distribution adaptation ［C］. Proceedings of the IEEE International Conference on Computer Vision, 2013.

［142］ Lu J. , Behbood V. , Hao P. , et al. Transfer learning using computational intelligence: A survey [J]. Knowledge-Based Systems, 2015 (80): 14-23.

[143] Lu J., Gong P. H., Ye J. Learning from very few samples: A survey [EB/OL]. https://arxiv.org/abs/2007.15484.

[144] Luengo J., Shim S. O., Alshomrani S., et al. CNC – NOS: Class noise cleaning by ensemble filtering and noise scoring [J]. Knowledge-Based Systems, 2018 (140): 27-49.

[145] Ma J., Gao X. A filter-based feature construction and feature selection approach for classification using genetic programming [J]. Knowledge-Based Systems, 2020 (196): 105806.

[146] Machado M. R., Karray S. Assessing credit risk of commercial customers using hybrid machine learning algorithms [J]. Expert Systems with Applications, 2022 (200): 116889.

[147] Mahanipour A., Nezamabadi-pour H. A multiple feature construction method based on gravitational search algorithm [J]. Expert Systems with Applications, 2019 (127): 199-209.

[148] Mahboobi M., Kimiagari S., Vasudevan M. Credit risk classification: An integrated predictive accuracy algorithm using artificial and deep neural networks [J]. Annals of Operations Research, 2021 (330): 609-637.

[149] Mahesh B. Machine learning algorithms: A review [J]. International Journal of Science Research, 2020 (9): 381-386.

[150] Maldonado S., Weber R. A wrapper method for feature selection using support vector machines [J]. Information Sciences, 2009, 179 (13): 2208-2217.

[151] Mancisidor R. A., Kampffmeyer M., Aas K., et al. Generating customer's credit behavior with deep generative models [J]. Knowledge-Based Systems, 2022 (245): 108568.

[152] Mao R., Zhu H., Zhang L., et al. A new method to assist small data set neural network learning [C]. Proceeding of the sixth International Conference on Intelligent Systems Design and Applications, 2006.

［153］ Markham I. S. , Ragsdale C. T. Combining neural networks and statistical predictions to solve the classification problem in discriminant analysis ［J］. Decision Sciences, 2010, 26 (2): 229-242.

［154］ Martens D. , Van Gestel T. , De Backer M. , et al. Credit rating prediction using ant colony optimization ［J］. Journal of the Operational Research Society, 2010, 61 (4): 561-573.

［155］ Mazurowski M. A. , Habas P. A. , Zurada J. M. , et al. Training neural network classifiers for medical decision making: The effects of imbalanced datasets on classification performance ［J］. Neural Networks, 2008, 21 (2): 427-436.

［156］ Mundra P. A. , Rajapakse J. C. SVM-RFE with MRMR filter for gene selection ［J］. IEEE Transactions on Nano Bioscience, 2010, 9 (1): 31-37.

［157］ Munkhdalai T. , Yu H. Meta networks ［C］. Proceedings of the 34th International Conference on Machine Learning, 2017.

［158］ Nematzadeh Z. , Ibrahim R. , Selamat A. Improving class noise detection and classification performance: A new two-filter CNDC model ［J］. Applied Soft Computing, 2020 (94): 106428.

［159］ Netzer O. , Lemaire A. , Herzenstein M. When words sweat: Identifying signals for loan default in the text of loan applications ［J］. Journal of Marketing Research, 2019, 56 (6): 960-980.

［160］ Niu K. , Zhang Z. , Liu Y. , et al. Resampling ensemble model based on data distribution for imbalanced credit risk evaluation in P2P lending ［J］. Information Sciences, 2019 (536): 120-134.

［161］ Niyogi P. , Girosi F. , Poggio T. Incorporating prior information in machine learning by creating virtual examples ［J］. Proceedings of the IEEE, 1998, 86 (11): 2196-2209.

［162］ Nouaouria N. , Boukadoum M. Improved global-best particle swarm optimization algorithm with mixed-attribute data classification capability ［J］. Applied Soft Computing, 2014 (21): 554-567.

[163] Óskarsdóttir M. , Bravo C. , Sarraute C. , et al. The value of big data for credit scoring: Enhancing financial inclusion using mobile phone data and social network analytics [J]. Applied Soft Computing, 2019 (74): 26–39.

[164] Otey M. E. , Ghoting A. , Parthasarathy S. Fast distributed outlier detection in mixed–attribute data sets [J]. Data Mining and Knowledge Discovery, 2006 (12): 203–228.

[165] Pan S. J. , Tsang I. W. , Kwok J. T. , et al. Domain adaptation via transfer component analysis [J]. IEEE Transactions on Neural Networks, 2010, 22 (2): 199–210.

[166] Pan S. J. , Yang Q. A Survey on Transfer Learning [J]. IEEE Transactions on Knowledge and Data Engineering, 2010, 22 (10): 1345–1359.

[167] Partalas I. , Tsoumakas G. , Vlahavas I. An ensemble uncertainty aware measure for directed hill climbing ensemble pruning [J]. Machine Learning, 2010 (81): 257–282.

[168] Piramuthu S. , Ragavan H. , Shaw M. J. Using feature construction to improve the performance of neural networks [J]. Management Science, 1998, 44 (3): 416–430.

[169] Piramuthu S. Feed–forward neural networks and feature construction with correlation information: An integrated framework [J]. European Journal of Operational Research, 1996 (93): 418–427.

[170] Quinlan J. R. C4. 5: Programs for machine learning [M]. San Francisco: Morgan Kaufmann, 1993.

[171] Quinlan J. R. Introduction of decision trees [J]. Machine Learning, 1986 (1): 81–106.

[172] Raghuwanshi B. S. , Shukla S. Class–specific kernelized extreme learning machine for binary class imbalance learning [J]. Applied Soft Computing, 2018 (73): 1026–1038.

[173] Rao C. R. , Mitra S. K. Generalized inverse of a matrix and its applica-

tions [M]. New York: Wiley, 1972.

[174] Rish I. An empirical study of the naive Bayes classifier [J]. Journal of Universal Computer Science, 2001, 1 (2): 41-46.

[175] Rosipal R. , Trejo L. J. Kernel partial least squares regression in reproducing kernel hilbert space [J]. Journal of Machine Learning Research, 2001 (2): 97-123.

[176] Sáez J. A. , Galar M. , Luengo J. , et al. INFFC: An iterative class noise filter based on the fusion of classifiers with noise sensitivity control [J]. Information Fusion, 2016, 27: 19-32.

[177] Sankhwar S. , Gupta D. , Ramya K. C. , et al. Improved grey wolf optimization-based feature subset selection with fuzzy neural classifier for financial crisis prediction [J]. Soft Computing, 2020, 24 (1): 101-110.

[178] Santoro A. , Bartunov S. , Botvinick M. , et al. Meta-learning with memory-augmented neural networks [C]. Proceedings of the 2016 International Conference on Machine Learning, 2016.

[179] Schapire R. E. The strength of weak learnability [J]. Machine Learning, 1990, 5 (2): 197-227.

[180] Schmidt W. F. , Kraaijveld M. A. , Duin R. Feedforward neural networks with random weights [C]. 11th IAPR International Conference on Pattern Recognition, 1992.

[181] Serre D. Matrices: Theory and applications [M]. New York: Springer, 2002.

[182] Shen F. , Yang Z. , Zhao X. , et al. Reject inference in credit scoring using a three-way decision and safe semi-supervised support vector machine [J]. Information Sciences, 2022 (606): 614-627.

[183] Shen F. , Zhao X. , Kou G. , et al. A new deep learning ensemble credit risk evaluation model with an improved synthetic minority oversampling technique [J]. Applied Soft Computing, 2021 (98): 106852.

[184] Shen L. , Er M. J. , Yin Q. Classification for high−dimension low−sample size data [J]. Pattern Recognition, 2022 (130): 108828.

[185] Shin K. S. , Lee Y. J. A genetic algorithm application in bankruptcy prediction modeling [J]. Expert Systems with Applications, 2002 (23): 321−328.

[186] Shorten C. , Khoshgoftaar T. M. A survey on image data augmentation for deep learning [J]. Journal of Big Data, 2019, 6 (1): 60.

[187] Snell J. , Swersky K. , Zemel R. S. Prototypical networks for few−shot learning [C]. Advances in Neural Information Processing Systems, 2017.

[188] Somerville R. A. , Taffler R. J. Banker judgement versus formal forecasting models: The case of country risk assessment [J]. Journal of Banking & Finance, 1995, 19 (2): 281−297.

[189] Sousa M. R. , Gama J. , Brandão E. A new dynamic modeling framework for credit risk assessment [J]. Expert Systems with Applications, 2016 (45): 341−351.

[190] Sun J. , Feng B. , Xu W. Particle swarm optimization with particles having quantum behavior [C]. Proceedings of the 2004 Congress on Evolutionary Computation, 2004.

[191] Sun J. , Li H. , Fujita H. , et al. Class−imbalanced dynamic financial distress prediction based on Adaboost−SVM ensemble combined with SMOTE and time weighting [J]. Information Fusion, 2020 (54): 128−144.

[192] Sun S. , Peng Q. , Shakoor A. A kernel−based multivariate feature selection method for microarray data classification [J]. PloS One 2014, 9 (7): 102541.

[193] Sun S. , Shi H. , Wu Y. A survey of multi−source domain adaptation [J]. Information Fusion, 2015 (24): 84−92.

[194] Sung F. , Yang Y. , Zhang L. , et al. Learning to compare: Relation network for few−shot learning [C]. Proceedings of the 2018 IEEE Conference on Computer Vision and Pattern Recognition, 2018.

[195] Tang J. , Jia M. , Liu Z. , et al. Modeling high dimensional frequency

spectral data based on virtual sample generation technique〔C〕. 2015 IEEE International Conference on Information and Automation, 2015.

〔196〕Tang L. , Yu L. , Liu F. , et al. An integrated data characteristic testing scheme for complex time series data exploration〔J〕. International Journal of Information Technology & Decision Making, 2013, 12 (3): 491-521.

〔197〕Tang Y. , Zhang Y. Q. , Chawla N. V. , et al. SVMs modeling for highly imbalanced classification〔J〕. IEEE Transactions on Systems, Man, and Cybernetics, Part B (Cybernetics), 2009, 39 (1): 281-288.

〔198〕Tian Y. , Bian B. , Tang X. , et al. A new non-kernel quadratic surface approach for imbalanced data classification in online credit scoring〔J〕. Information Sciences, 2021 (563): 150-165.

〔199〕Triguero I. , García S. , Herrera F. Self-labeled techniques for semi-supervised learning: Taxonomy, software and empirical study〔J〕. Knowledge and Information Systems, 2015 (42): 245-284.

〔200〕Tripathi D. , Edla D. , Cheruku R. Hybrid credit scoring model using neighborhood rough set and multi-layer ensemble classification〔J〕. Journal of Intelligent & Fuzzy Systems, 2018, 34 (3): 1543-1549.

〔201〕Trivedi S. K. A study on credit scoring modeling with different feature selection and machine learning approaches〔J〕. Technology in Society, 2020 (63): 101413.

〔202〕Tsai C. F. , Chen M. L. Credit rating by hybrid machine learning techniques〔J〕. Applied Soft Computing, 2010, 10 (2): 374-380.

〔203〕Tsai C. F. Combining cluster analysis with classifier ensembles to predict financial distress〔J〕. Information Fusion, 2014 (16): 46-58.

〔204〕Tsai T. I. , Li D. C. Utilize bootstrap in small data set learning for pilot run modeling of manufacturing systems〔J〕. Expert Systems with Applications, 2008, 35 (3): 1293-1300.

〔205〕Van Belle R. , Baesens B. , De Weerdt J. CATCHM: A novel network-based credit card fraud detection method using node representation learning [J]. Decision Support Systems, 2023 (164): 113866.

[206] Vapnik V. The nature of statistical learning theory [M]. New York: Springer Verlag, 1995.

[207] Vedala R., Kumar B. R. An application of naive Bayes classification for credit scoring in e-lending platform [C]. International Conference on Data Science & Engineering, 2012.

[208] Vieira S. M., Mendonça L. F., Farinha G. J., et al. Modified binary PSO for feature selection using SVM applied to mortality prediction of septic patients [J]. Applied Soft Computing, 2013, 13 (8): 3494-3504.

[209] Vilalta R., Drissi Y. A perspective view and survey of meta-learning [J]. Artificial Intelligence Review, 2002 (18): 77-95.

[210] Vinyals O., Blundell C., Lillicrap T., et al. Matching networks for one shot learning [J]. Proceedings of the 30th International Conference on Neural Information Processing Systems, 2016 (29): 3637-3645.

[211] Vuttipittayamongkol P., Elyan E. Neighbourhood-based undersampling approach for handling imbalanced and overlapped data [J]. Information Sciences, 2020 (509): 47-70.

[212] Wang C., Han D., Liu Q., et al. A deep learning approach for credit scoring of peer-to-peer lending using attention mechanism LSTM [J]. IEEE Access, 2018 (7): 2161-2168.

[213] Wang G., Hao J., Ma J., et al. A comparative assessment of ensemble learning for credit scoring [J]. Expert Systems with Applications, 2011, 38 (1): 223-230.

[214] Wang G., Ma J., Huang L., et al. Two credit scoring models based on dual strategy ensemble trees [J]. Knowledge-Based Systems, 2012 (26): 61-68.

[215] Wang G., Ma J. A hybrid ensemble approach for enterprise credit risk assessment based on support vector machine [J]. Expert Systems with Applications,

2012, 39 (5): 5325-5331.

[216] Wang G., Ma J. Study of corporate credit risk prediction based on integrating boosting and random subspace [J]. Expert Systems with Applications, 2011, 38 (11): 13871-13878.

[217] Wang H., Xu Q., Zhou L. Large unbalanced credit scoring using lasso-logistic regression ensemble [J]. PloS One, 2015, 10 (2): e0117844.

[218] Wang P., Fan E., Wang P. Comparative analysis of image classification algorithms based on traditional machine learning and deep learning [J]. Pattern Recognition Letters, 2021 (141): 61-67.

[219] Wang X., Xu J., Zeng T., et al. Local distribution-based adaptive minority oversampling for imbalanced data classification [J]. Neurocomputing, 2020 (422): 200-213.

[220] Wang Y., Huang L. Risk assessment of supply chain based on BP neural network [C]. 2009 Second International Symposium on Knowledge Acquisition and Modeling, 2009.

[221] Wang Y., Jia Y., Tian Y., et al. Deep reinforcement learning with the confusion-matrix-based dynamic reward function for customer credit scoring [J]. Expert Systems with Applications, 2022 (200): 117013.

[222] Wang Y., Yao Q., Kwok J.T., et al. Generalizing from a few examples: A survey on few-shot learning [J]. ACM Computing Surveys, 2020, 53 (3): 1-34.

[223] Wang Y., Yao Q. Few-shot learning: A survey [EB/OL]. https://arxiv.org/abs/1904.05046v1.

[224] Wasikowski M., Chen X.W. Combating the small sample class imbalance problem using feature selection [J]. IEEE Transactions on Knowledge and Data Engineering, 2009, 22 (10): 1388-1400.

[225] West D. Neural network credit scoring models [J]. Computers & Operations Research, 2000 (27): 1131-1152.

［226］ Wiginton J. C. A note on the comparison of logit and discriminant models of consumer credit behavior ［J］. Journal of Financial and Quantitative Analysis, 1980, 15 (3): 757-770.

［227］ Wong A. , Lu W. , Tjosvold D. , et al. Extending credit to small and medium size companies: Relationships and conflict management ［J］. International Journal of Conflict Management, 2016, 27 (3): 331-352.

［228］ Wu C. F. , Huang S. C. , Chiou C. C. , et al. A predictive intelligence system of credit scoring based on deep multiple kernel learning ［J］. Applied Soft Computing, 2021 (111): 107668.

［229］ Wu Y. , Xu Y. , Li J. Feature construction for fraudulent credit card cash-out detection ［J］. Decision Support Systems, 2019 (127): 113155.

［230］ Wuttke D. A. , Blome C. , Henke M. Focusing the financial flow of supply chains: An empirical investigation of financial supply chain management ［J］. International Journal of Production Economics, 2013, 145 (2): 773-789.

［231］ Xi M. , Sun J. , Liu L. , et al. Cancer feature selection and classification using a binary quantum-behaved particle swarm optimization and support vector machine ［EB/OL］. https://dx. doj. org/10. 1155/2016/3572705.

［232］ Xia Y. , Li Y. , He L. , et al. Incorporating multilevel macroeconomic variables into credit scoring for online consumer lending ［J］. Electronic Commerce Research and Applications, 2021 (49): 101095.

［233］ Xia Y. , Liu C. , Da B. , et al. A novel heterogeneous ensemble credit scoring model based on stacking approach ［J］. Expert Systems with Applications, 2018 (93): 182-199.

［234］ Xia Y. , Liu C. , Li Y. Y. , et al. A boosted decision tree approach using Bayesian hyper-parameter optimization for credit scoring ［J］. Expert Systems with Applications, 2017, 78 (15): 225-241.

［235］ Xiao J. , Wang R. , Ten G. , et al. A transfer learning based classifier ensemble model for customer credit scoring ［C］. 2014 Seventh International Joint Conference on Computational Sciences and Optimization, 2014.

[236] Xiao J., Wang Y., Chen J., et al. Impact of resampling methods and classification models on the imbalanced credit scoring problems [J]. Information Sciences, 2021 (569): 508-526.

[237] Xiao J., Zhou X., Zhong Y., et al. Cost-sensitive semi-supervised selective ensemble model for customer credit scoring [J]. Knowledge-Based Systems, 2020 (189): 105118.

[238] Xu L., Cui L., Weise T., et al. Semi-supervised multi-Layer convolution kernel learning in credit evaluation [J]. Pattern Recognition, 2021 (120): 108125.

[239] Xu M., Tian B., Fu Y. Default prediction of online credit loans based on mobile application usage behaviors [J]. Journal of Intelligent & Fuzzy Systems, 2022, 43 (3): 2253-2264.

[240] Yan L., Zhu R., Liu Y., et al. TrAdaBoost based on improved particle swarm optimization for cross-domain scene classification with limited samples [J]. IEEE Journal of Selected Topics in Applied Earth Observations and Remote Sensing, 2018, 11 (9): 3235-3251.

[241] Yang J., Yu X., Xie Z.Q., et al. A novel virtual sample generation method based on Gaussian distribution [J]. Knowledge-Based Systems, 2011, 24 (6): 740-748.

[242] Yang K., Yuan H., Lau R.Y. PsyCredit: An interpretable deep learning-based credit assessment approach facilitated by psychometric natural language processing [J]. Expert Systems with Applications, 2022 (198): 116847.

[243] Yang Z., You W., Ji G. Using partial least squares and support vector machines for bankruptcy prediction [J]. Expert Systems with Applications, 2011, 38 (7): 8336-8342.

[244] Yao J., Wang Z., Wang L., et al. Novel hybrid ensemble credit scoring model with stacking-based noise detection and weight assignment [J]. Expert

Systems with Applications, 2022 (198): 116913.

[245] Yao P., Lu Y. S. Neighborhood rough set and SVM based hybrid credit scoring classifier [J]. Expert Systems with Applications, 2011, 38 (9): 11300-11304.

[246] Ye J. Cosine similarity measures for intuitionistic fuzzy sets and their applications [J]. Mathematical and Computer Modelling, 2011, 53 (1-2): 91-97.

[247] Ykhlef H., Bouchaffra D. An efficient ensemble pruning approach based on simple coalitional games [J]. Information Fusion, 2017 (34): 28-42.

[248] You W., Yang Z., Ji G. PLS-based recursive feature elimination for high-dimensional small sample [J]. Knowledge-Based Systems, 2014 (55): 15-28.

[249] Yu L., Wang S. Y., Lai K. K., et al. Bio-inspired credit risk analysis-computational intelligence with support vector machine [M]. Berlin: Springer-Verlag, 2008.

[250] Yu L., Yang Z., Tang L. A novel multistage deep belief network based extreme learning machine ensemble learning paradigm for credit risk assessment [J]. Flexible Services & Manufacturing Journal, 2016, 28 (4): 576-592.

[251] Yu L., Yu L., Yu K. A high-dimensionality-trait-driven learning paradigm for high dimensional credit classification [J]. Financial Innovation, 2021, 7 (1): 1-20.

[252] Yu L., Zhang X. M., Yin H. An extreme learning machine based virtual sample generation method with feature engineering for credit risk assessment with data scarcity [J]. Expert Systems with Applications, 2022 (202): 117363.

[253] Yu L., Zhang X. Can small sample dataset be used for efficient internet loan credit risk assessment? Evidence from online peer to peer lending [J]. Finance Research Letters, 2021 (38): 101521.

[254] Yu L., Zhou R., Tang L., et al. A DBN based resampling SVM ensemble learning paradigm for credit classification with imbalanced data [J]. Applied

Soft Computing, 2018 (69): 192-202.

[255] Zhang C. , Xie Y. , Bai H. , et al. A survey on federated learning [J]. Knowledge-Based Systems, 2021 (216): 106775.

[256] Zhang H. , Li M. RWO-Sampling: A random walk over-sampling approach to imbalanced data classification [J]. Information Fusion, 2014 (20): 99-116.

[257] Zhang L. , Hu H. , Zhang D. A credit risk assessment model based on SVM for small and medium enterprises in supply chain finance [J]. Financial Innovation, 2015, 1 (1): 14.

[258] Zhang L. , Wei H. , Lyu Z. L. , et al. A small-sample faulty line detection method based on generative adversarial networks [J]. Expert Systems with Applications, 2021 (169): 114378.

[259] Zhang Q. , Li H. , Zhang Y. , et al. Instance transfer learning with multisource dynamic TrAdaBoost [J]. The Scientific World Journal, 2014 (2014): 282747.

[260] Zhang T. , Zhang W. , Xu W. , et al. Multiple instance learning for credit risk assessment with transaction data [J]. Knowledge-Based Systems, 2018 (161): 65-77.

[261] Zhang W. Y. , He H. L. , Zhang S. A novel multi-stage hybrid model with enhanced multi-population niche genetic algorithm: An application in credit scoring [J]. Expert Systems with Applications, 2019 (121): 221-232.

[262] Zhang W. , Yang D. , Zhang S. A new hybrid ensemble model with voting-based outlier detection and balanced sampling for credit scoring [J]. Expert Systems with Applications, 2021 (174): 114744.

[263] Zhang X. , Yu L. Consumer credit risk assessment: A review from the state-of-the-art classification algorithms, data traits, and learning methods [J]. Expert Systems with Applications, 2024 (237): 121484.

[264] Zhang X. , Yu L. , Yin H. An ensemble resampling based transfer AdaBoost algorithm for small sample credit classification with class imbalance [EB/OL].

https： //doj. org/10. 1007/S10614-024-10690-6.

［265］ Zhang X. , Yu L. , Yin H. , et al. Integrating data augmentation and hybrid feature selection for small sample credit risk assessment with high dimensionality ［J］. Computers & Operations Research, 2022 （146）: 105937.

［266］ Zhang Z. , Niu K. , Liu Y. A deep learning based online credit scoring model for P2P lending ［J］. IEEE Access, 2020 （8）: 177307-177317.

［267］ Zhao F. , Lu Y. , Li X. , et al. Multiple imputation method of missing credit risk assessment data based on generative adversarial networks ［J］. Applied Soft Computing, 2022 （126）: 109273.

［268］ Zhao H. , Sinha A. P. , Ge W. Effects of feature construction on classification performance: An empirical study in bank failure prediction ［J］. Expert Systems with Applications, 2009, 36 （2）: 2633-2644.

［269］ Zheng L. , Liu G. , Yan C. , et al. Improved TrAdaBoost and its application to transaction fraud detection ［J］. IEEE Transactions on Computational Social Systems, 2020, 7 （5）: 1304-1316.

［270］ Zhou J. , Li W. , Wang J. , et al. Default prediction in P2P lending from high-dimensional data based on machine learning ［J］. Physica A: Statistical Mechanics and its Applications, 2019 （534）: 122370.

［271］ Zhou Z. H. Ensemble methods: Foundations and algorithms ［M］. Boca Raton: Chapman and Hall, 2012.

［272］ Zhu B. , Chen Z. S. , Yu L. A novel mega-trend-diffusion for small sample ［J］. CIESC Journal, 2016, 67 （3）: 820-826.

［273］ Zhu T. , Lin Y. , Liu Y. Improving interpolation-based oversampling for imbalanced data learning ［J］. Knowledge-Based Systems, 2020 （187）: 104826.

［274］ Zhu X. , Wu X. Class noise vs. attribute noise: A quantitative study ［J］. The Artificial Intelligence Review, 2004, 22 （3）: 177.

［275］ Zhu X. , Zhang S. , Jin Z. , et al. Missing value estimation for mixed-attribute data sets ［J］. IEEE Transactions on Knowledge and Data Engineering,

2011, 23 (1): 110-121.

[276] Zhu Y., Xie C., Wang G. J., et al. Comparison of individual, ensemble and integrated ensemble machine learning methods to predict China's SME credit risk in supply chain finance [J]. Neural Computing and Applications, 2017, 28 (1): 41-50.

[277] Zhu Y., Zhou L., Xie C., et al. Forecasting SMEs' credit risk in supply chain finance with an enhanced hybrid ensemble machine learning approach [J]. International Journal of Production Economics, 2019 (211): 22-33.